子どもを育む
学校臨床力 改訂版

多様性の時代の **生徒指導・教育相談・特別支援**

角田 豊・阿形恒秀・小松貴弘＝編著

創元社

目次

序論　学校臨床力とは

1章　学校臨床力1：厳格性と受容性のバランス …………………… 角田　豊　　6
2章　学校臨床力2：臨床的な見方・考え方 ……………………… 阿形恒秀　10
3章　学校臨床力3：経験を育むということ ……………………… 小松貴弘　14
〈Column1〉 寄り道のススメ　　18

第1部　児童生徒理解を深める

4章　現代社会を生きる子ども ………………………………… 小松貴弘　20
5章　子どもの発達 …………………………………………… 小松貴弘　22
6章　子どもの対人関係世界 ………………………………… 小松貴弘　28
7章　子どもと家庭 …………………………………………… 小松貴弘　32
8章　子どもと学校 …………………………………………… 小松貴弘　36
〈Column2〉 遊びは大切か　　40

第2部　児童生徒の成長を促す

9章　学習指導と生徒指導 …………………………………… 阿形恒秀　42
10章　道徳、総合的な学習の時間と集団づくり ……………… 阿形恒秀　46
11章　特別活動と生徒指導 ………………………………… 阿形恒秀　50
12章　キャリア教育の必要性 ……………………………… 角田　豊　52
13章　基礎的・汎用的能力 ………………………………… 角田　豊　54
14章　学校ごとのキャリア教育 …………………………… 角田　豊　56
〈Column3〉 「自己肯定感」は学校教育で獲得できるものなのか？　58

目次

第3部　児童生徒の個性に応じた支援

15章　自己の発達………………………………………………角田　豊　60
16章　自尊感情・自己肯定感、自己有用感、自己効力感…………角田　豊　64
17章　発達障害の理解……………………………………………角田　豊　66
18章　自閉スペクトラム症………………………………………角田　豊　68
19章　学習障害（限局性学習症）………………………………角田　豊　70
20章　ADHD……………………………………………………角田　豊　72
21章　特別支援教育とは…………………………………………角田　豊　74
22章　特別支援教育体制…………………………………………角田　豊　78
〈Column4〉　教師のペルソナ　82

第4部　児童生徒を取り巻く「問題」をとらえる

23章　問題をアセスメントする…………………………………小松貴弘　84
〈問題の具体例〉
24章　インターネット問題………………………………………阿形恒秀　92
25章　いじめ………………………………………………………阿形恒秀　94
26章　不登校………………………………………………………小松貴弘　102
27章　暴力行為・少年非行………………………………………阿形恒秀　112
28章　被虐待………………………………………………………小松貴弘　116
29章　心身の不調…………………………………………………小松貴弘　120
30章　場面緘黙……………………………………………………角田　豊　124
31章　性的マイノリティ…………………………………………阿形恒秀　126
〈Column5〉　子どもの成長と心の痛み　128

第5部　「問題」に取り組む

〈生徒指導の進め方〉
32章　生徒指導における"私"と"公"…………………………阿形恒秀　132
33章　生徒指導の重層的支援構造………………………………阿形恒秀　136

3

34章	教師の厳しさ	阿形恒秀	138
35章	教師と児童生徒の関係性	阿形恒秀	140
36章	懲戒と体罰	阿形恒秀	148

〈教育相談の進め方〉

37章	教師モードとカウンセラーモード	角田　豊	162
38章	カウンセリング・心理療法の種類と技法	角田　豊	166
39章	意識と無意識	角田　豊	170
40章	心の働き：防衛機制	角田　豊	172
41章	保護者との連携・対応	角田　豊	176
42章	ケース会議の進め方	角田　豊	180
43章	チーム支援	角田　豊	184
44章	スクールカウンセラーの活用	小松貴弘	188
45章	学校外の機関との連携	小松貴弘	192

〈Column6〉　教育の「胡散臭さ」を自覚する　196

第6部　教員としてどのように力を身につけていくか

46章	子どもとかかわる力	小松貴弘	198
47章	保護者とかかわる力	小松貴弘	200
48章	同僚とかかわる力	小松貴弘	202
49章	社会とかかわる力	小松貴弘	204
50章	学び続ける態度	阿形恒秀	206
51章	共感的理解とスーパーヴィジョン	角田　豊	210
52章	学校臨床力向上のための教師のトレーニング	角田　豊	214

文献　218

索引　222

あとがき　228

序論
学校臨床力とは

序論　学校臨床力とは

1章 　学校臨床力1：厳格性と受容性のバランス

　「学校臨床力」とはどのような能力でしょうか。学校という現場で、教師は毎日子どもたちとかかわり、さらには保護者や家庭、地域とかかわっています。その目的は、明日を担う子どもたちの成長を促すことであり、その可能性を少しでも伸ばすことにあると言えるでしょう。「教育」という言葉は「教える」と「育てる」という2つから成り立っており、学校教育では「学習指導」と「生徒指導」に分けられ、それら2つの「指導」が教師の仕事であると言われてきました。教師が子どもに、勉強を教え、生活態度を指導し育てるという見方です。

　しかし、「指導」という教師から子どもへの「一方向的なかかわり」だけで事がすむ時代は終わりを告げたようです。現代社会では多様性が広がっており、より複雑な関係の中で個別的なかかわりを求められることが増えています。教師と児童生徒の関係においても、お互いがどのように影響し合っているかをしっかりと見つめ、より根本的な「かかわり合い」の中で子どもがどう育っていくのか、それを丁寧にとらえ直すことが求められているのではないでしょうか。その場で判断し実行する「実践的指導力」が教師には求められますが、それはかかわり合いの場に開かれた「感性」に裏打ちされている必要があると思います。

　私たちは、本書で従来の「生徒指導」や「教育相談」「特別支援教育」「進路指導・キャリア教育」をベースに置きつつ、さらに個別性、多様性、関係性に重点を置こうと思っています。そのため、子どもを育てる教師の力量を、新たに「学校臨床力」と名づけることにしました。「学校臨床力」とは、人間関係に開かれた理解力や実践力（集団対応力・個別対応力）であり、学校現場で「子どもに何が必要かを見立て、かかわる力」と定義しようと思います。本書は、前書（角田他, 2016）の改訂版です。この間に、学校臨床力という言葉は少しずつ使われるようになり、2022年からは京都連合教職大学院で「学校臨床力高度化系」という大学院の系の名称にも用いられています。

　この章では、まず「厳格性と受容性」に焦点を当てながら、学校臨床力について考えていきます。

1章　学校臨床力1：厳格性と受容性のバランス

1. 厳格性と受容性

　子どもの成長に何が大切かと考えたときに、最も基本になるのは、子ども自身が「安心できる」と感じられることだと言えます。大人が子どもを「見守る」というのはまさにそういう意味です。言葉では見守っていると言いつつ、何もしないで放っていては、本当に見守ることにはなりません。しっかりとした「枠組み」があり、それらが物理的に、また心理的に自分を守ってくれると感じられて初めて、子どもたちは安心でき、自分をその場に表すことができます。

　教職を目指す学生に「良かった先生とはどのような教師ですか？」と尋ねると、「子どもの話をしっかり聞いてくれる先生」「必要なときに叱ってくれる先生」といった回答が多く見られます。それらを集約すると「優しくて厳しい先生」という姿が浮かび上がってきます。こうした「厳しさ（厳格性）」や「優しさ（受容性）」は、もともと家庭で親が子育ての中で行ってきたかかわりと言えます。「厳格性」とは父性原理（切断）に基づき、善悪・上下・主体と客体など物事を分ける働きです。「受容性」とは母性原理（一体化）に基づくと言え、良くも悪くも包含する働きです。実際の父親や母親は、厳しいときもあれば優しいときもあり、どちらかに限定されるものではありません。一人ひとりの親によって幅がありますし、時と場合によって同じ人でも態度やかかわり方は変化するものです。

　「厳格性」と「受容性」は保護者に必要ですが、「優しくて厳しい先生」というように教師にも必要ですし、子どもにかかわるすべての大人に求められています。ある一人の大人が、子どもにかかわる場合にも、その両面が働いていますし、そのバランスがうまくとれることで、「安心できる空間」が生まれ、子どもが自分を試したり、学んだり、くつろいだり、語ったり、遊んだりすることができます。

　こうした空間を維持するには、その枠組を守る「厳格性」の力が必要です。時に外からの侵入を防ぎ、中の子どもが多少無茶をしても壊れないで、壁として持ち堪えられるような、揺るぎなさが厳格性と言えます。それがルールを堅持することにもなりますし、境界をしっかり守ることにもつながります。場合によってはこうするべきだと指導したり、指示したりすることもあるでしょう。

　その一方で、そうした空間の中で子どもがどのような状態にあるのかを、きめ細やかに受けとめ、必要なケアを提供する「受容性」が子どもには必要です。子どもに

7

栄養を摂らせたり、安心して眠らせたりする乳幼児期の養育的なかかわりから始まり、心の状態に波長を合わせて応答することや、疲れたり怖くなったときの逃げ場や安全基地の役割を、受容性が果たすと言えます。図1のようなイメージを思い浮かべてもらうとよいでしょう。

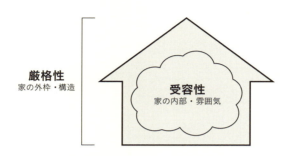

図1　厳格性と受容性がつくる子どもが成長する空間

　家の外枠や構造がしっかりしていないと、空間は守られません。それと同時に、その内部が優しさや安らぎといった雰囲気に満たされている必要があります。大事なことは、子どもが厳格性と受容性のバランスがとれた空間を体験しているかどうかです。出発点は、子どもにかかわる一人ひとりの大人ですから、個々の大人が自分のかかわりのあり方がどのようになっているのかを、自覚することが大切になります。

2. 学校臨床力と厳格性・受容性のバランス

　教師たちが、学校という社会の中で、また学級という集団の中で生活の指針となる基本的なルールをしっかりと共有し、そうした枠組みを確かなものとして維持することは、児童生徒に対して「厳格性」のある働きかけを行っていると言えます。
　学校の中には、自分の思いを誰かにわかってほしいと感じている子どもがいますし、自分で制御が効かないので誰かにペースを調節してもらう必要のある子どもがいます。また、ダメージを受けたので、ケアをしてもらう必要のある子どもがいます。知らない間に抱えきれない重荷を負わされて、とにかく休息が必要な子どもがいま

す。そうした一人ひとりの子どもの状態を細やかに理解して、働きかけていく能力が教師には求められます。こうした個々に寄り添いつつ対応していくのは、「受容性」のある働きかけと言えます。

　本来的には、一見厳しい指導であっても、そこにきめ細やかな児童生徒理解が伴っているはずです。また、個別に悩みについて話を聞く場面であっても、時間や場所の枠組みをきちんと守ったり、限界をしっかりと示したりすることができているからこそ、その相談場面が特別な意味を持ってきます。

　このように見てくると、厳格性と受容性は、子どもを育むさまざまな場面で、何らかの形で「共に」作用していることがわかると思います。どちらかが前景に出て、もう一方は背景になっているかもしれませんが、両面がしっかりと手を携えているからこそ、子どもはしっかりと抱えられることになり、その子の資質が開花できるような空間が提供されるのだと言えます。

　とはいうものの、厳格性と受容性はもともと反対の性質（二律背反）と言え、ぶつかり合うこともよく起こります。ですから、「優しくて厳しい」とはなかなかならず、家庭なら父親と母親の意見が違って喧嘩になるかもしれません。学校の中であれば、生徒指導担当と保健室の養護教諭の意見が対立するかもしれません。異なる意見を一つにまとめるのは難しい場合がありますが、一人ひとりの大人が「この子のために何ができるか」という思いを共有していれば、考えは違っても協力する可能性は生まれてきます。

　担任が、厳格性・受容性どちらのスタンスでかかわるのか、迷うこともあります。これは一方的な思い込みで動いているのではなく、しっかり関係にコミットしているからこその迷いかもしれません。しかし、あまりに混迷が深くて抜け出せない場合は、同僚や学校外の機関と連携するなど、組織的なサポート体制が大切です。

　厳格性や受容性の働きとは、一人の個人が両面を担うこともあれば、家族や学校組織というように、チームや複数の人が役割分担をすることもあります。ある子どもに厳格性・受容性がこれまでどのように働いてきたのか、子どもの成長のニーズにどのように応えてきたのかを見立てながら、今自分が教師としてどうかかわるかを考え、実行し、振り返ることが「学校臨床力」の一つのあり方と言えるのではないでしょうか。

序論　学校臨床力とは

2章 | 学校臨床力2：臨床的な見方・考え方

1. 科学の知と臨床の知

　「学校臨床力」とは、「臨床的な見方・考え方」によって学校教育や児童生徒の問題をとらえ直し、かかわりを深めていくことだとも言えます。そこで、本章では、「臨床」とは何かについて整理したいと思います。

　「臨床的な見方・考え方（臨床の知）」の特徴は、「科学的な見方・考え方（科学の知）」と対比させると明確になります。哲学や芸術などの分野では、近代的な文化や価値観を問い直し脱近代を目指す「ポストモダン」という概念が20世紀の中頃から登場しましたが、他の多くの分野（学校教育も含めて）では、現代も「近代合理主義」や「科学的方法論」が主流ではないかと思われます。

　「科学の知」は普遍性・論理性・客観性という3つの原理に依るもので（中村, 1992）、それによって技術の進歩や経済の発展等が実現しました。しかしながら、一方で「科学の知」は、個別性・現実性・関係性の視点を置き去りにしてしまう傾向があったとも言えるでしょう（阿形, 2021a）。

　「臨床の知」とは、そのような「科学の知」の限界を認識し、「科学の知」を踏まえつつもさらに深い思索に至るために、個別性・現実性・関係性という3つの原理を大切にする考え方です。そして、それを学校教育に適用して、教師の深いかかわりの意味を明らかにすることが「学校臨床力」という概念のねらいです。

2. 個別性重視の立場

　学校教育においては「一人ひとりの児童生徒を大切に」という言葉をよく耳にします。それは確かに教師にとって重要な資質の一つですが、その意味するところは曖昧なままで情緒的に語られることが多いように思います。

　個別性を重視する臨床の立場からすると、「一人ひとりの児童生徒を大切にする」とは、児童生徒を平均に還元したりカテゴリーに分類したりすることよりも、個々の

児童生徒を独自の存在として、個々の事例を一回限りの「聖なる一回性」(きたやま・前田, 2019)の物語としてとらえることを意味します。

例えば、学力・学習状況調査は、児童生徒の状況を把握し、教育指導の改善に活用することが目的ですが、ある中学3年生のクラスの風景を見ると、それぞれの物語を抱えた生徒の姿が浮かび上がります。

＊Aさんは、成績が急降下。2年までは目立たない生徒だったが、3年になり教師や親への言葉使いが荒くなり、髪や服装も乱れ、授業をエスケープするようになった。担任はAさんとの話し込みや家庭訪問を通じて、生徒指導に努めている。
＊Bさんは、1年時から成績が振るわない。文章を読む際にどうしても隣の行が目に入ってスムーズに読めない学びづらさを抱えているため、特に国語が苦手。担任はBさんの学習を支援するさらなる特別なサポートを検討している。
＊Cさんは、非常に成績が優秀。有名高校・大学に進学し、将来は弁護士にという親の期待に応えるべく頑張っているが、ときおり暗い目になりふさぎ込む。担任は「優等生の息切れ」を心配し、教育相談的援助のタイミングを見計らっている。

現場の先生方が向かい合っているのは、このような生徒たちの「聖なる一回性」の集合体なのに、地方公共団体や学校別の平均正答数の順位にこだわり、その上昇を迫るような指導は、Aをさらに反発させ、Bをさらに戸惑わせ、Cをさらに追い詰めます(阿形, 2017)。東日本大震災の直後に、ある芸能人が、「この震災を2万人が死んだ一つの事件と考えると被害者のことを理解できないんだよ。1人が死んだ事件が2万件あったってことなんだよ。本来、悲しみっていうのはすごく個人的なものだからね」と語っていました。35人のクラスであれば「35人の成績という1件の課題がある」のではなく、「私の成績という課題が35件ある」ととらえるのが学校臨床の立場です。

3. 現実性重視の立場

生徒指導とは、児童生徒が社会の中で自分らしく生きることができる存在へと、自発的・主体的に成長や発達する過程を支える教育活動(文部科学省, 2022)ですが、教師は必要に応じて指導や援助を行うこと、場合によれば、児童生徒に対して目指す

べき方向性などを示すことも求められます。しかし、その際に、教師は、物事を単純化しすぎるあまり、理屈っぽいお説教やリアリティを欠いた理想論・建前論・空論を口にしてしまうことがあります。

　先ほど、ある中学3年生のクラスの学力・学習状況の例を挙げましたが、かつて同和教育・人権教育を展開していた学校では、「学習指導・進路指導」ではなく「学力保障・進路保障」という言葉が使われていました。「保障」とは、「成績の向上や進路の実現は本人の努力の問題」ととらえるのではなく、「教師としてどんな支援ができるかを考える問題」としてとらえる姿勢です。そして、正論だけを言い置いて「後は君の努力の問題だ」等と言い放つ指導を「言い置き指導」と呼び、そうなることを自戒する文化がありました（阿形, 2015）。ややもすれば単純な競争原理や自己責任論に陥る傾向がある教育の世界においては、教師が児童生徒の現実に向き合いかかわるうえで、「保障」の知恵が参考になるでしょう。

　現実はいつも多義的です。一つのモノ・コトは多くの意味やイメージを持っています。ですから、現実性を重視する臨床の立場からすると、現実を複雑系としてとらえ、物事を直線的・単線的な因果関係で考えることはしません。それは、「簡単にわかった気にならない」ということでもあります。

　ある不登校の高校生の事例検討会でこんなことがありました。その生徒の両親はともに医者で、子どもにも医学部に進学してほしいと願っていますが、学力的には合格は難しい状況でした。協議に入ると、ある教師が「わかった、不登校の原因は過度の期待をかける親の姿勢だ」と発言しました。確かに、不登校等の生徒指導上の課題には、親子関係や生育歴等の家庭的要因が何らかの意味で影響している場合が少なくありません。しかし、その生徒と同じような学力の弟は毎日登校していました。この事実だけでも、「親のプレッシャー → 不登校」という単純な因果論が成立しないことは明らかです。また、河合（1983）は、原因探しはしばしば「悪者探し」となり、自分以外の者を悪者に仕立てようとするので、問題はなかなか解決しないと指摘しています。親を簡単に断罪する姿勢からは、「教師として自分はどのように関与するか」という発想は生まれません。そこで、筆者（阿形）は、「親が自分の職業に誇りを持ち、わが子にもその道を目指してほしいと思う気持ちは、批判されるべきことなんだろうか」と投げかけました。すると、親としての子どもに対する願いを語り出す先生も現れ、その後は親を批判するのではなく、親の願いや苦悩と子どもの願いや苦悩

2章　学校臨床力2：臨床的な見方・考え方

の折り合いをつけるために、教師は教師として何ができるかという話し合いになりました。

4. 関係性重視の立場

　児童生徒が教師を信頼し、リスペクトするような関係性が成立していない中では、教師の言葉が児童生徒に影響を与えることは難しいものです。関係性を重視する臨床の立場からすると、「何を伝えるか」という観点で児童生徒に提示する教材や論理などのコンテンツ（内容）を考えるだけではなく、「どう伝わるか」という観点で教師と児童生徒の関係におけるコンテクスト（文脈）を考えることが重要になります。患者に信頼される良い医師は、単に医学的な知識が豊富で技術が卓越しているだけではなく、「聴診器を通して、病変だけではなく患者の心を聞いている」（多田，1995）のです。

　教師の理想論・建前論・空論の特徴は「教師自身が傷つかなくてすむ」ことですが、児童生徒との関係性を重視するならば、教師自身にも何らかの負荷がかかることは避けられません。星の王子さまは、たった一つの珍しい花だと思っていたバラが地球にはたくさんあるのを知ってがっかりしますが、そのバラのために時間を費やし世話をしたことの意味に気づき、「あの一輪の花が、ぼくには、あんたたちみんなよりもたいせつなんだ」とバラの花たちに言いました。そして、キツネは王子さまに、「めんどうみたあいてには、いつまでも責任があるんだ」と言いました。先述した「聖なる一回性」にも通じるテーマです。

　"No pain, No gain"という英語のことわざは、一般的には「苦労なくして、得られるものはない」と訳されますが、教師と児童生徒の関係性という点で考えると、「労を惜しみ、自分に何らかの負荷がかかる（自分も傷つく）ことを避けていては、児童生徒との関係性など成立しない」という、「受苦的なかかわり」の大切さを示す言葉として解釈できるかもしれません。古代ギリシャのヒーラー（治療者）は、不調を訴える人と一緒にお堂に籠ります。そして、例えばひどい頭痛を訴えている患者だと、やがて、ヒーラー自身が頭痛を感じるようになり、その結果、患者の頭痛は収まっていきます。児童生徒が教師に自分の苦しみを「話す」ことも、苦しみを「放す」ことにつながっています。そして、それを可能にするのは、教師の共感的な児童生徒理解だと言えるでしょう。

序論　学校臨床力とは

3章 　学校臨床力3：経験を育むということ

　社会は、時代の転換期を迎えるたびに、その時代に特有の危機に直面してきました。現代社会もまた、現代に特有の危機に直面しています。現代社会の危機をどこに見るかは、その立場によってさまざまでしょう。筆者（小松）が最も本質的だと考えているのは、「経験の危機」です（例えば、Reed, 1996）。

　学校臨床力について考えるとき、筆者にまず思い浮かぶキーワードは、「経験」と「関係」です。結論を先取りして述べると、関係の中で経験が豊かになり、経験を通じて関係が豊かになる、そのような関係と経験を子どもと教師の間に生み出していく力、筆者はそれを学校臨床力の重要な基盤ととらえたいと思います。筆者の考えを説明するために、まずは「経験の危機」に目を向けましょう。

1. 経験の危機

　20世紀終盤以来、現在進行形で進展しつつある社会の大きな変化の一つとして、「世界の情報化」とでも呼ぶべきものがあります。それは社会の進歩であって、日常生活はより便利になってきたし、これからもそうなり続けると歓迎する向きもあります。他方で、負の側面として、それに伴って大きく変質し、危機に瀕しているのが「経験」であると、筆者は認識しています。

　情報技術が高度化し、情報機器が個人の手元にまで普及することで、経験の断片化が進行しているのではないでしょうか。例えば、公共交通機関の中で、あるいは路上で、スマートフォンのディスプレイをのぞき込んでいる人の姿を、今では当たり前に目にするようになりました。中高生によるスマートフォンの長時間使用も社会問題として認識されつつあります。情報機器を自在に使いこなす人々ほど、日常生活の多くの部分を、ディスプレイの中の視覚情報と接触して過ごしていることになるでしょう。情報機器のディスプレイは、自分の思うがままに次々に新しい情報や画面を呼び出し、それまで見ていた情報や画面は次々に消えていく場です。そこでは、前後の経験のつながりよりは、軽やかな飛躍のほうが歓迎されます。そこでは、自

14

分が経験したこと、経験していることを、まとめ上げ、過去の自分の経験と関連づけて意味づけることよりも、過去にこだわらず、次々に目の前に現れる変化に応じて自分の意識のあり方を切り替えていくことが重視されていると思われます。

2. 経験と主体性

　主体性という言葉があります。この言葉で意味されるものは人によりまちまちですが、ここでは自分の意思を持ち、価値の軽重の判断を行い、自ら行動を起こし、その結果について責任を負うパーソナリティの機能ととらえておきたいと思います。主体性は、近代以降の社会において重んじられてきた主要な理念の一つです。主体性の確立は、人間の成長において必要なこととされ、目標とされてきました。広い意味での生徒指導の目標も、子どもの主体性を確立することと言い表すこともできるでしょう。

　主体性の基盤として不可欠なものが経験です。より正確には、経験を自分のものとしてまとめ上げていく力です。そこでは、内省することが重要な契機となっています。立ち止まり、振り返って、現在と過去を比べる、他者と自分を比べる、自分が予想していたことと実際に起きたことを比べる、そうした心の働きを積み重ねていくことが、経験をまとめ上げ、そうしてまとめ上げられた経験が、それ以後の自分の価値判断の準拠枠となり、行動決定の指針となっていくのです。

3. 経験を育むもの

　自分の経験を振り返る、内省することは、考える、思考することの基盤でもあります。それは、その人個人の心の働きであり、一人で孤独に行えばすむことのように見えますが、実際にはそうではありません。人は、他者からの助けがなければ、他者との関係がなければ、経験を自分の経験としてまとめ上げていくことが難しいのです。別の言い方をすれば、人が自分の経験を自分のものとしてまとめ上げるには、自分を一人のまとまりのある経験の主体として認めてかかわってくれる他者の存在が不可欠なのです。

　情報機器を扱うことに没頭することは、日常生活の利便性と効率を高めてくれる

かもしれませんが、自分の経験をまとめ上げ、主体性を育むことを助けてはくれないでしょう。情報機器は、さまざまな有益な情報を提供して、その利用者を楽しませてくれるかもしれませんが、情報機器のほうは、その利用者の存在を楽しんではくれません。その利用者の存在を楽しみ、認めてくれるのは、情報機器を介して接触している他者なのです。しかし、情報機器を介して接触しているのは、生身の他者ではありません。あくまで、情報機器を介してフィルタリングされた他者です。

さて、ようやく学校臨床力について考える準備が整いました。これまで見てきたような意味で、学校は、子どもと教師、子どもたち同士が、互いに生身の他者として関係を結びうる場であり、その関係のあり方をより望ましい、成長促進的なものにしていく力量が、筆者が考える学校臨床力です。

4. 学校における経験と関係

本章でこれまで見てきた問題は、現代社会にあまねく広がっており、とりわけ年齢が若くなるにつれて、一般にその影響が大きいと思われます。そのことは、近年の子どもの姿の変化や、家庭での養育のあり方の変化にも反映しています。これまで、伝統的に生徒指導という概念で考えられてきた子どもへの指導のあり方は、再検討を迫られていると言えるでしょう。

現代の視点から振り返ってみると、これまでの生徒指導観には、暗黙の前提として、子どもは家庭及び地域社会の中で成長する過程で、安定した関係の中で経験と主体性の基礎を身につけて学校に来ていると見なされていたと言えるでしょう。しかし、近年では、その暗黙の前提が大きく揺らぎ、ある時期までは一般に有効だった生徒指導の考え方や手法が、期待されるほどには機能しなくなり、その見直しを迫られています。

学校は、子どもたちが集団で学び活動する場です。子どもたち同士、そしてその家庭間の多様性は拡大し、一昔前のように、比較的均質な集団を前提にした一斉授業、一斉指導は通用しにくくなってきています。そんな変化の中で、伝統的な生徒指導観に沿って、集団に共通の目標を掲げてそのメンバーを同じ方向に方向づけて束ねていくという手法だけでは、成果はおぼつかないでしょう。子どもたちの集まりが集団として成立するまでに、その前提となる丁寧な関係づくりが必要でしょう。あ

らかじめ計画された目標に到達すれば良しとするのではない、その途中で生じてくるさまざまなつまずきや寄り道や思いのズレを、丁寧に拾い上げてそれらと向き合い、子どもと教師の間で、子どもたち同士の間で、振り返り、迷い、結びつけ、試行錯誤し、前に進む方法を見つけていく、そうした営みの積み重ねが大切でしょう。それが、子どもと教師の間に、子どもたち同士の間に、関係を生み出し、その中で経験が育まれ、主体性の基礎が培われていくことが期待されます。

　もちろん、こうした営みには時間がかかります。一方で、授業、各種行事は、年間計画に沿って進めなければなりません。この葛藤を解決する目覚ましい方法は、おそらくありません。教師一人ひとりが、教育の本質は何であるのか、今大事にするべきことは何か、短期的な見通しで、そして長期的な見通しで、それぞれ何を大事にして何をするべきかを自らに問いかけて考えながら、同僚の教職員と課題を共有し、互いに知恵と工夫を持ち寄ることが不可欠です。そうした取り組みが、教師個人ばかりでなく、教職員集団としての、そして学校としての学校臨床力を高めることにつながることが期待されます。

5. 学校臨床力を支える連携

　学校臨床力が有効に機能するかどうかは、保護者や地域社会からどのような理解と支えを得られるかにも大きく左右されます。なぜなら、子どもたちは、学校生活を営むのと並行して、保護者のもとで家庭生活を営み、地域社会の中で生活を営んでいるからです。それぞれの目指す営みや、子どもたちに対する期待の間に、大きな齟齬があったり、深刻な価値観の対立がある場合には、子どもたちは混乱してしまうでしょう。学校としての取り組みが、保護者や地域社会の目にどのように映っているか、どのように評価されているのかには、日頃から注意を払う必要があります。そして、「誰の意見が正しいか」を争う不毛な状況に陥ることを避けながら、互いの立場や考えに理解を深める努力を積み重ねることが重要です。

Column 1

寄り道のススメ

*

　世の中の変化のスピードは速く、情報通信技術の進展とともに、いろんなことがより便利に、より短時間で可能になりつつあります。その結果、本当は空いた時間ができるはずなのに、むしろ忙しくなっている感じがする人も少なくないのではないでしょうか。労力や時間を効率よく使おうとすればするほど、必然的に（?)、私たちはどんどん多忙化するのかもしれません。

　なんだか時間に追われるように生活しているとき、「寄り道」や「回り道」はとても贅沢なものに思えてきます。情報端末を使えば簡単にできることを、あえて労力と時間をかけてやってみることは、時には自分自身に対するご褒美かもしれません。

　例えば、街中の本屋まで出かけて、ぶらぶらと平積みされた本の表紙や、棚差しの本の背表紙を眺める。ちょっとでも気になった本は、手に取ってみて、ぱらぱらとページをめくってみる。初めて見る名前の作家だけど、カバーのデザインがいいなあ、手に取った感触もしっくりくるなあ、値段はちょっと高い気もするけど、思い切って買ってみるか……。こうした「本屋めぐり」を楽しむ人は、年々少なくなりつつあるのかもしれません。でも、そこには、ネット上の本屋とは一味も二味も違う、予想外の出会いや思わぬ発見が待っていることが少なくありません。

　自分の勘だけを頼りに本との出会いを求める。初めは、失敗したなあと思うこともあるでしょうが、だんだん、不思議と自分にとって「当たり」の本や情報と出会うことが多くなっていくものです。本当に忙しいときには、なかなかできないものですが、スキがあれば寄り道してみようという心がけは、あなたに思いがけない出会いをもたらすかもしれません。

(小松貴弘)

第1部
児童生徒理解を深める

第1部　児童生徒理解を深める

4章　現代社会を生きる子ども

　子ども理解を深めるには、まずは子どもたちが生きている「今」という時代がどういう時代であり、「今」の社会がどういう社会であるかを理解する努力が必要です。そしてまた、子どもたちの目には今の時代、今の社会がどのように映っており、どのように経験されているかを知ろうと努める必要があります。

1. 社会から影響を受ける子ども

　子どもたちは、心身ともに大人へと成長していく存在です。私たちはそれぞれ特定の時代、文化、社会を生きているのであり、子どもたちもまた、特定の時代、文化、社会の中で成長していきます。私たちの生き方がそうであるように、子どもたちの生活の営みもまた、その時代、文化、社会から大きな影響を受けます。ただ、ここで注意しなければならないのは、まったく同じ時期に、同じ社会を生きていても、子どもたちが受ける影響と大人が受ける影響は同じではないということです。だからこそ、社会が子どもたちの目にどう映り、子どもたちにどう経験されているかを知ろうと努めることが大切ですし、子どもたちの間にだけ流行しているような事象、いわゆる子ども文化にも関心を持つ必要があるのです。

2. 「子ども時代」の時代差

　もう一つ気をつけておきたいのは、かつて子どもであった大人が自分自身の子ども時代を基準にして、もっぱらその基準を当てはめて今の子どもたちを理解しようとすることには無理があるということです。

　電子機器、情報機器の発達と普及のスピードは驚異的で、例えば、今の子どもたちは当たり前のように携帯用ゲーム機で遊んでいますが、40年前の社会には、携帯して持ち運べるゲーム機といえば、はるかに機能のシンプルな「液晶ゲーム」くらいしかありませんでした。子どもが遊ぶことに夢中になること自体には、時代が変わっ

20

4章　現代社会を生きる子ども

てもそれほど大きな違いはないでしょう。しかし、そのとき、社会の中に存在しているもの、社会が子どもたちに提供しているものが何であるかによって、その経験内容は大きく異なります。

　したがって、私たちは子ども理解に当たって、自分の子ども時代に身の回りにあったもの、身の回りで起きていた社会問題と、今の子どもたちのそれらとの違いに敏感である必要があります。例えば、いわゆるゲーム依存、スマホ依存といった問題は、子どもたち自身の問題であると同時に、そうした機会を子どもたちに容易に提供している社会の抱える問題でもあるととらえる必要があるでしょう。

3. 社会の変化に敏感な子ども

　ある程度まで自分の生活のパターンや物事のとらえ方のパターンをすでに身につけていることの多い大人に比べて、成長途上の子どもたちは、大人たちがまだ気づいていないような身近な環境の変化や社会の微妙な変化にも敏感に反応して、それを言動に表している可能性があります。子どもたちの心が見えにくくなったと言われる時代は、そういう時代であるかもしれません。子どもたちの気持ちがわからないと嘆く前に、子どもたちに何が起きているのかを理解するために、子どもたちの発する声やつぶやきに素直に耳を傾ける柔らかい感受性が、教師を含めた、子どもたちと深いかかわりを持つ大人には必要とされます。

　「今」という時代と社会をある程度とらえることができたとしても、時代と社会の変化は、おそらく常に私たちの意識の先を進んでいます。だから、私たちは常に時代と社会を後追いしなければなりません。そうすることを止めてしまったとき、私たちの感受性は硬直化して、子どもたちの変化をとらえられなくなり、子どもたちを理解する代わりに、自分の理解の仕方を子どもたちに押しつけることしかできなくなってしまうでしょう。

　私たちは、『ハーメルンの笛吹き男』の物語に出てくる街の大人たちのようにならないように気をつけなければなりません。気がついたときには、子どもたちが目の前から消えてしまっていた、ということにならないように。

第1部　児童生徒理解を深める

5章　子どもの発達

　私たちは、自分の目の前にいる子どもたちにどのようにかかわればよいのでしょうか。どのようにかかわれば、子どもたちの成長を助け、促すことができるのでしょうか。もちろん、望ましいかかわり方には、子どもによって個人差があります。そしてそれ以上に、一般に発達段階や発達時期と呼ばれるものによる大きな違いがあります。かかわる相手が、幼稚園児か、小学5年生か、中学3年生かによって、私たちがとるべき子どもへのかかわり方は異なります。

　このように、その時々において、子どもへの望ましい適切なかかわり方を考えるうえでは、一般に子どもがどのように成長、発達するのか、その様相や成長を支える要因について、基本的なことを理解しておく必要があります。私たちは、子どもの発達について深く学ばなければなりません。

　本章では、子どもの発達について、主として心理的な発達の面から見ていきます。

1. パーソナリティの発達

　子どもの、そして成人の発達をパーソナリティ全体の発達としてとらえた見方として、エリクソンのライフサイクル論がよく知られています（例えば、Erikson, 1959；鑪, 1990）。ここでは、エリクソンが記述している8つの段階のうち、乳児期、幼児期前半、幼児期後半、児童期、青年期の、初めの5つの段階を見ていきます（図2）。

　個別の段階を見ていく前に、エリクソンの基本的な考え方を見ておきます。エリクソンは、人が成長の中で大きな心理的な危機を迎える節目を、一つの発達段階としてとらえました。そうした危機は、例えば「A 対 B」という対の形で表現されます。人は発達上の危機を迎えるたびに、分かれ道のどちらかを進んでいくというイメージです。また、エリクソンは、そうした発達危機は、その人を取り巻く対人関係において生じるものであり、その対人関係のあり方と質が危機の迎え方とその解決の仕方を左右するという考え方を示しました。

老年期							統合 対 絶望
中年期						世代性 対 自己陶酔	
成人期					親密性 対 孤立		
青年期				アイデンティティ確立 対 拡散			
児童期			勤勉性 対 劣等感				
幼児期後半		自発性 対 罪悪感					
幼児期前半	自律性 対 恥・疑惑						
乳児期	基本的信頼 対 不信						

図2　エリクソンのライフサイクル論の図式化

2. 乳児期

　エリクソンがライフサイクルの第1段階として示しているのは、おおよそ生後満1歳前後までの時期です。この時期は一般に乳児期と呼ばれます。この時期の発達危機としてエリクソンが示したのは、「基本的信頼 対 不信」です。

　大人からの世話がなくては生命を維持できないこの時期に、養育者との関係においてどの程度身体的快適さや安心感を体験できたかによって、子どもが周囲の世界に「基本的信頼」を抱いて成長するか、「不信」を抱いて成長するかが左右されます。相対的に「基本的信頼」を抱いているほうが、それ以後の周囲とのかかわりも生き生きとした積極的なものになりやすいでしょう。相対的に「不信」を強く抱いていると、周囲に対する反応はおびえた消極的なものになりやすく、周囲に対して漠然とした敵意を抱くことにもつながります。

第1部　児童生徒理解を深める

3. 幼児期前半

エリクソンがライフサイクルの第2段階として示しているのは、おおよそ満1歳前後から満3歳前後の時期に相当します。この時期は、幼児期の中でもその前半期と見なすことができます。この時期の発達危機としてエリクソンが示したのは、「自律性 対 恥・疑惑」です。

この時期の子どもは、まだ自分の身体を十分には思い通りにコントロールできません。それでも、この時期の子どもたちは、まだ十分にできないことでも自分でやりたがります。しかし、当然、時間がかかったり、失敗したりします。そのようなぎこちなさや、失敗を重ねながら、それでも子どもたちは少しずつうまくできるようになり、失敗が減っていきます。時に手助けをしてもらうなど、養育者にほどよく見守られながら、自分の意志を持ち、自分の身の回りのことがうまくできるようになっていくことで、子どもたちは「自律性」の感覚を身につけていきます。

反対に、養育者から自分の行動を過度に統制されたり、失敗を過度に叱責されたり、過度に干渉されたり、過度に放任されたりする経験が積み重なると、「自分にはうまくやり遂げることができない」という、「恥・疑惑」の感覚が身についていきます。相対的に「恥・疑惑」の感覚が強くなると、自分の意志を持って行動することに消極的になり、周囲の指示に従順に従おうとする傾向が強くなります。

4. 幼児期後半

エリクソンがライフサイクルの第3段階として示しているのは、おおよそ満3歳前後から小学校への就学前後の時期に相当します。この時期は、幼児期の中でもその後半期と見なすことができます。この時期の発達危機としてエリクソンが示したのは、「自発性 対 罪悪感」です。

この時期の子どもは、さまざまなものに興味関心を示し、自分の思い通りに、遊びとしていろんなことをやってみようと試してみます。遊びの中には、危険な行為だったり、ものが壊れたり、散乱したり、衣服がひどく汚れたりして、大人から叱責されるものもあります。また、一緒に遊んでいる友だちと思いがぶつかってトラブルになることもあります。時にはそうした経験を重ねながらも、誰から勧められるでも

24

5章　子どもの発達

なく、自分の好奇心と意思に基づいていろんな遊びを試してみることを通じて、自分を取り巻く世界を知ろうと努め、ものや人や環境に働きかけていく「自発性」を身につけていきます。

　しかし、大人が子どもの遊びに過度に不寛容であったり、過度に厳格であったりして、遊んでいる子どもを叱責し、その遊びを制限する機会が多くなりすぎると、子どもは、自分がやってみようと考えることは悪いことなのだ、自分がしてしまうことは悪いことなのだという「罪悪感」が強くなります。そうなると、好奇心のままに自由に振る舞うことが少なくなり、周囲の顔色を見たり、許可を得てから取りかかろうとするような、慎重ではあるが、消極的な傾向が強くなります。

5. 児童期

　エリクソンがライフサイクルの第4段階として示しているのは、おおよそ小学校への就学前後から中学校入学前、思春期が始まるまでの時期に相当します。この時期は、一般に児童期と呼ばれます。この時期の発達危機としてエリクソンが示したのは、「勤勉性 対 劣等感」です。

　この時期の子どもは、学校生活を始めていて、さまざまな学習課題や活動に取り組んでいます。遊ぶことと違って、学校での課題は、必ずしも子ども自身の興味関心とは一致しないこともあるし、繰り返し練習したり、よく考えてみないとうまくできないものが大部分です。楽しいからするというよりは、課題に取り組むことを求められるからするという場面が多くなりますが、子ども自身の努力と周囲の適切な導きが結びつくと、いろいろなことができるようになったり、わかるようになったりする成果が得られます。こうした経験を積み重ねることで、すぐには結果が出ないことでも、簡単にあきらめてしまわずに、こつこつと根気強く取り組むことで成果が出るのだという自信に裏打ちされた、「勤勉性」が身につきます。この時期に身につく「勤勉性」は、児童期の学習意欲を支えるうえで重要な資質であり、有能感と深く結びついています。

　他方で、求められて努力をしても結果に結びつかなかったり、自分なりにやり遂げたと思った結果を評価してもらえなかったり、精いっぱい取り組んだ結果をまだ努力が足りない、期待される結果に届いていないと評価されることが積み重なると、

25

第1部　児童生徒理解を深める

自分の努力は結果に結びつかない、成果を生まないという自信の持てなさにつながる、「劣等感」が強くなります。「劣等感」が強くなると、すぐにできそうな簡単な課題には取り組めても、課題が難しそうと感じると、やってみれば十分にできる力を潜在的に持っていても、すぐにあきらめてしまう傾向が強くなります。こうした子どもたちには、少しでもできるようになったことを適切に評価するかかわりと、「自分にはできない」という思いですぐにくじけそうになる気持ちを支える適度な励ましの工夫が求められます。

6. 青年期

　エリクソンがライフサイクルの第5段階として示しているのは、おおよそ中学校以降、多くの人が社会に足を踏み出していく20代前半頃までの時期に相当します。この時期は、一般に青年期と呼ばれます。この時期の発達危機としてエリクソンが示したのは、「アイデンティティの確立 対 アイデンティティの拡散」です。

　ここでは青年期を、便宜的に、思春期と思春期以後に分けて、その発達のあり方の特徴を見ていきます。

　思春期には、第二次性徴に伴う身体変化に並行して、心理的にも大きな変化を迎えます。まず、児童期までとは質の異なる自意識が芽生えます。それまで、認知的な自己中心性が支配的だった物事のとらえ方が脱中心化されるにつれて、自分自身についても、他者の視点から見ることができるようになり、他者の目に自分がどう映るかを意識するようになります。個人差が大きいですが、人によっては、世界に自分という存在はたった一人なのだという自覚から、強烈な孤独感を体験することもあります。こうした変化は、人目を気にして身だしなみにこだわるようになったり、それまでののびのびとした屈託のなさが何となく元気のない不機嫌そうな様子に変わるという姿で、しばしば周囲に気づかれます。

　思春期には、親からの自立と親に対する依存との間で気持ちが大きく揺れて、強い葛藤を経験する子どもたちが多くいます。それまで自然に親に甘えていた子どもが、親の言うことに反発したり、親から口を挟まれることをひどく嫌がるようになります。そうかと思うと、以前にも増して親を頼り、親に甘えるそぶりを見せることもあります。こうした姿がくるくると交互に現れる様子に、親のほうが戸惑うことも多

くあります。この時期の子どもは、自立したい気持ちと親から見放される不安、甘えたい気持ちと親の世界に飲み込まれる不安との間で、適切な居場所を探し求めて揺れているのです。

　こうした不安定な時期を乗り越えるうえで重要な存在が、安心して秘密を共有できる親友です。親友とのほどよく安定した関係に支えられて、それまで当たり前のものとして受け入れていた親の価値観とは異なる自前の価値観を模索し始め、自分は何者なのか、何者になればいいのかという自問が始まります。

　多くの子どもたちが心理的に大きな揺れを経験する思春期を通り抜けて、子どもたちは自分の将来について考え始めるようになります。自分は将来どんな生き方をしたいのか、何になりたいのか、自分は自分がなりたいものになれるだろうか、自分が進みたい道に進むためには自分は今そしてこれから何をすればいいのだろうか、こうした迷いや悩みに向き合うようになります。これが、社会の中で自分にふさわしく感じられる自分の存在や役割、つまりアイデンティティを模索する過程です。こうした過程を経て、自分の進路を決断し、自分の希望の実現に向けて迷いながらも努力を重ね、自分の思い描いていた場所に近い場所にたどり着いたとき、「アイデンティティの確立」を手にすることになります。

　しかし、アイデンティティを模索する過程では、等身大の自分に向き合い、いくつもの夢や希望の中から、たった一つの道を選ばなければならない局面がやってきます。それは自分に自信が持てない、自分を支えてくれる安定した関係を持たない子どもたちにとっては、耐え難い不安の源となることも少なくありません。そんなとき、現実に向き合うことから遊びの世界へと逃避したり、何事にも集中して取り組めなくなったり、手当たり次第に何かに挑戦してはすぐ投げ出すといったように、日常生活を生産的に営むことが難しい状況に陥ることがあります。これが「アイデンティティの拡散」状態です。決断を先延ばしにして、自分のいろんな可能性を試してみるモラトリアムの時期を生きながら、ボランティアやアルバイトなどの社会とのかかわりを通して、自分の居場所を探し、自ら選んでいくことが、この時期を生き抜くうえでの課題となります。

第1部　児童生徒理解を深める

6章 子どもの対人関係世界

　子どもたちは、日々の生活をさまざまな人々に取り巻かれながら、さまざまな人々とともに営んでいます。子どもたちが生きていくうえで、子どもたちだけでなく大人たちもそうですが、人間関係はなくてはならないものです。時にわずらわしく感じられたり、苦しいものであったりすることもありますが、私たちは他者と何の関係も持たずに生きていくことはできません。子どもたちの日々の成長のあり方を、そして子どもたちの日々の生活の質を、子どもたちの対人関係のあり方は大きく左右します。一般に、子どもたちはどのような対人関係を生き、それが子どもたちにどのように影響するのでしょうか。本章では、子どもたちが生きている対人関係世界を、いくつかの視点から見ていきます。

1. 親子関係

　子どもたちにとって最も身近な存在は家族です。中でも、子どもが年少であるほど、親の存在が重要です。ただし実際には、すべての子どもたちが親と一緒に暮らしているわけではありませんし、両親と一緒に暮らしているわけでもありません。実際の親ではなくても、親が父親か母親かいずれか一人の場合でも、自分を主に養育している大人との関係はとても重要です。ここでは、家族として子どもを養育している大人との関係を、広く「親子関係」ととらえます。

　親子関係がどのような意味で重要であるのか、改めて考えてみましょう。親は子どもの日常生活の健康と安全に気を配ってくれる存在であり、子どもの生活の質に最も大きな影響を与える存在です。前章でも見たように、子どもにとって親との関係は、心理的な成長を大きく左右するものです。そこでとりわけ重要になってくるのは、親子関係の情緒的な性質です。子どもが親子関係の中で最も強く求め、必要とするものは、親からの愛情です。私たちは誰しも、自分にとって重要な他者から愛されることを望むものです。愛されるとは、具体的には、独自の意思と感情を持った存在として、自分が相手から大切にされることです。自分の思いをある程度尊重

28

してもらいながら、ほどよく自分の心身の健康と安全のニードを満たしてもらうことで、人は安心感と自己肯定感を抱くことができます。

しかし、親子関係は常に理想的な状態にあるわけではありません。むしろ、理想的な関係から多少とも距離のあるあり方のほうが、日常的で一般的でしょう。とはいえ、親子関係のあり方があまりに偏ったものであると、それは子どもの日常生活と成長にとって有害なものになりかねません。その代表的な例が、虐待です。一般に、虐待的な親子関係を経験している、あるいは経験してきた子どもたちは、自分が親から愛されている、大切にされていると感じることが困難です。そのため、自己肯定感は低くなりがちですし、他者に対しても、自分自身に対しても、否定的な感情を持ちやすくなります。

2. 友人関係

親子関係の外側に足を踏み出して子どもたちが出会う対人関係の世界が、同世代の子ども同士の関係、つまり友だち関係です。友だち関係が生まれ、子ども同士が結びつくのは、何よりも遊びを介してです。

例えば、公園の砂場で遊んでいる2人の幼児を観察してみましょう。初めは、それぞれに思い思いに砂を触り、穴を掘り、山を作り始めます。そのうち2人の間にやり取りが始まります。1人は山を押し固め、もう1人はトンネルを掘り始めるかもしれません。こうして遊びは、並行遊びからやり取りとかかわり合いのある遊びへと発展します。遊びの発展は、2人のかかわり合いの性質の発展でもあります。意思が交換され、協力関係が生まれるかもしれないし、意思がぶつかり合って、小競り合いになるかもしれません。あるいは、2人が作った山は、怪獣の攻撃目標に見立てられ、2人の間でそのイメージが共有されるかもしれません。一方が怪獣になり、もう一方が正義の味方になり、そして役割は交換されるかもしれません。

このように、遊びを介して、子どもたちは友だち関係をつくり、広げていきます。一人で遊ぶよりも、他の子どもと一緒に遊ぶほうがもっと楽しいことを知り、一緒に遊ぶ相手が友だちになっていきます。友だちと遊ぶことを通して、子どもたちはさまざまなことを学んでいきます。例えば、協力すること、役割を分担すること、役割を交換すること、イメージを共有すること、ルールをつくること、ルールを守ること、

第1部　児童生徒理解を深める

ルールを破ること、約束を守ること、秘密を共有すること、などです。

　友だち関係は、年齢とともに変化していきます。小学校低学年時は、家が近い、クラスの席が近いなどの要因が友だち関係をつくりがちですが、中学年になってくると、徐々に「気が合う」友だちができてきます。また、遊びの集団が大きくなってきます。2～3人で遊ぶことが多かったのが、4～5人、あるいは10人前後と、かなりの人数で集団として遊ぶことができるようになります。この時期は、ギャングエイジと呼ばれることもあり、集団で遊ぶことそのもの、集団で一緒にいることそのものが楽しく感じられ、またそこから他者との関係の持ち方を学んでいく時期です。高学年になると、思春期の入り口にさしかかり、友だち関係は少人数の仲良しグループを形成しやすくなります。その反面、特定の仲良しグループに入れず、あるいは入れてもらえずに苦しむ子どもたちや、いじめの問題の始まりをも生み出しやすい時期でもあります。仲間との間で一体感を味わうことで自分を確かめる心性が強くなると同時に、他者と自分との少しの違いに敏感になります。このことが、子ども同士の人間関係にさまざまな形のトラブルとなって姿を現すようになります。こうした傾向は、時に、より強まって、中学校生活へと引き継がれていきます。

　中学生になると特定の親密な親友を獲得する子どもが増えてきます。親をはじめとする大人から心理的な距離をとることを試み始めるこの時期に、大人には言えない、言わない秘密を共有し、互いに固く守る友だちの存在は、ささいなことで揺らぎやすいこの時期の子どもの気持ちを、多くの場合大きく支えてくれます。その反面で、近年では、学校や学級における安心感が弱い場合に、学級が互いに抜け駆けを許さないような、互いに互いを強く牽制し合うような気の抜けない場所になってしまい、互いに「キャラ」を演じ合って表面的な関係をやり過ごすという状況にも陥りがちです（例えば、土井，2009）。

　特定の親密な他者との関係は、初めは互いに引かれ合う何か、互いに似ているように感じられる何かを核にして始まることが多いものです。しかし、そうした関係が発展していくと、次第に互いの違い、互いに相容れずにぶつかる部分も認め合うことができるようになってきます。そうして初めて、より成熟した意味で、他者と自分との違いを知り、そうした違いを互いに受けとめる関係を持つことができるようになっていきます。ここまでくると、大人への入り口はもうすぐそこです。

6章　子どもの対人関係世界

3. 教師との関係

　家族、友だちに次いで、あるいはそれらと同じく、子どもたちにとって重要なのが学校の教師の存在です。なぜなら、教師は、家族外で最も長い時間を共に過ごす大人だからです。

　まず、教師は子どもたちにとって、見知らぬいろいろな知識や技能を教え、伝えてくれる人です。そして、そうした知識や技能が自らの身につくように方向づけて導く人です。また、忘れ物、授業中の態度、友だちとのかかわり方など、学校生活や学校外の生活の一部についても、どういう行動が適切で、どういう行動が不適切かを注意・指導し、あるいは考えさせる人です。子どもたちにとって、第一に教師は「学校の先生」なのです。

　しかし、それだけではありません。教師には、家族とは別の大人としての大きな存在意義があります。これから社会で出会う大人のモデルの一人なのです。教師は、自分だけを特別に大事にはしてくれないけれど、すべての子どもたちを公平に大事にしようと努めています。家庭にいるときの姿とは異なる学校での姿を見ている教師は、自分に対して、親とは異なる評価や見方をしてくれたり、親が知らない、気づいていない一面を認めてくれたりします。親といるときとは違う自分になれるし、親といるときには感じない自分の可能性に気づかせてくれることもあります。他方で、親なら大目に見て許してくれることでも、教師は見逃さずに注意します。その逆の場合もあります。大人にはさまざまな人がいて、違う考えや意見を持つこともあることを感じさせてくれます。

　思春期に入り、親との間に強い葛藤を抱えている子どもにとっては、教師はちょっと煙たい存在でもありますが、頼りになる存在にもなり得ます。親にぶつかると、親も感情的に反応して、心の揺れがいっそう大きくなることも少なくありません。しかし、もともと心理的に少し距離のある教師に対してなら、心の揺れをあまり増幅させずにぶつかることもできます。例えば、中でも養護教諭は、思春期の子どもたちにとって、親に言えない悩みや、親に対する不満を聞いてもらう役割を担いやすい存在です。思春期の子どもたちにとって、教師は、一定の距離感を保ちつつ学校という場に居続けてくれる大人として重要な存在なのです。

第1部　児童生徒理解を深める

7章 | 子どもと家庭

　子どもたちが、毎日を一定の人々と共に過ごし、食事をし、睡眠をとる場所、それが家庭です。家庭には、さまざまなあり方があります。

　現代社会で一般的なのは、両親とその子どもたちから構成される核家族です。子どもたちの数は、1人の場合もあれば、2～3人、あるいはそれ以上という場合もあります。家庭内に親が1人の場合もあります。配偶者を亡くした場合、離婚した場合など、事情はさまざまです。親が1人の家庭においては、父親のみの家庭は割合が小さく、その大部分を占めるのが母親のみの家庭です。さらに、祖父母世代と同居している拡大家族もあります。また、さまざまな事情により、祖父母と暮らす子ども、養父母のもとで暮らす子ども、養護施設で暮らす子どもたちもいます。

　家庭は、そこで暮らす子どもたちにとってどのような意味を持つのか、家庭の役割や意味を考えてみます。

1. 人生の基地としての家庭

　子どもたちにとって、家庭は生活すべての基盤であり、人生の前半を生きていくための基地です。少なくとも、思春期に到達する前の子どもたちにとって、その人生における重要な出来事の大部分は（学校での生活を除けば）家庭で起きます。そして、家庭での暮らし方が、子どもたちの人生の初期の経験とそのあり方を形づくり、基本的な生き方のパターンに大きな影響を及ぼします。生きていくうえでの基本的な感覚、身の振る舞い方、物事の受けとめ方の大部分が、家庭において育まれるのです。

　子どもたちは、人として共通の資質と、それぞれに個別的な資質とを生来的に併せ持って生まれてきますが、それらが成長とともにどのような形で発現していくかは、それぞれの子どもの経験のあり方によって左右されます。子どもがどのようなことに興味や関心を持ち、他者とどのようなかかわり方やコミュニケーションのとり方をし、他者や社会をどのような感触で受けとめるかは、そのすべてではないにして

32

7章　子どもと家庭

も、かなりの部分が、身近に、つまり家庭において頻繁に接する経験によって影響を受けるものです。そういう意味では、家庭は子どもの基本的なパーソナリティ形成の場であると言えるでしょう。

2. 生活習慣形成の場としての家庭

　家庭での生活は、子どもの生活習慣を形づくります。身体面で重要なのは、食事の習慣、排泄の習慣、睡眠の習慣です。これらの基本的なリズムが、年齢相応のあり方で整えられているかどうかは重要です。食事は一日に何回、それぞれ何時頃に、どのくらいの量を食べるのか、排泄の回数とリズムはどうか、就寝時刻と起床時刻はある程度決まっているか、睡眠時間はどれくらい確保されているか、こうしたことが習慣として形づくられていきます。

　こうした習慣は、子ども自身の体質や体調、気質により影響を受ける部分もありますが、養育者の子育てに関する考え方と、養育者自身の生活習慣に大きく左右されます。例えば、家庭環境が安定しており、養育者に時間的ならびに心理的ゆとりがある場合には、子どもの生活習慣も一般的に社会において好ましいと考えられているものに一致しやすくなります。他方で、転居等による生活環境の変化が多い、養育者が働く時間帯が一定しない、あるいは遅くなりがちなどの場合、子どもの生活習慣も安定しにくく、生活のリズムを確立することも比較的難しくなります。

3. 休息の場としての家庭

　家庭は基地としての機能を持つと先に述べました。基地には、一日の活動を終えた後、そこに戻ってきて、休息をとり、必要な補給を行うという大切な役割があります。そのような休息と補給が十分にできることで、次の活動に向かうための準備を整えることができるわけです。

　家庭が基地としての役割を果たすには、今述べたように、そこで休息と補給が行われる場である必要があります。それには、何よりも、家庭が安全で安心できる場所であることが必要です。そこに戻れば、自分を迎え入れてくる人がいて、リラックスできる場所であることが望まれます。家庭内に緊張があったり、戻ってきても

33

第1部　児童生徒理解を深める

皆それぞれ自分のことに忙しくて気にかけてもらえなかったり、休む間もなくやらなければならないことが次々にあるような状況では、十分な休息と補給は困難です。そのような状況においては、心身の疲労をほどよく回復できないままに、翌日の活動に向かわなければならなくなります。それが短期間のことであれば、その影響は比較的軽くてすむかもしれません。しかし、慢性的にそのような状況が続く場合には、子どもの心身の健康及び成長発達にマイナスの影響を及ぼす恐れが強くなります。

4. 家庭にはそれぞれ固有の文化がある

　家庭には、それぞれ個性的な特徴があります。それは、友人や親戚の家を訪問するたびに、肌で感じることができるものです。家の中で交わされる言葉遣い、テレビの音の大きさ、部屋の備品や色使い、食事の味つけ、道具の使い方、かかってきた電話への応答の仕方など、家庭ごとによく似ている部分もあれば、ずいぶんと違っていてびっくりするようなこともあります。そうした、それぞれの家庭の特徴や個性を、家庭文化ととらえることができます。人は皆、自分が暮らす家庭の文化を、当たり前で、当然で、常識的なものとして身につけて育っていきます。

　学校に集まってくる子どもたちは、それぞれ異なる家庭文化を背景に持っています。その学校区の地域の生活スタイルが、皆比較的似通っている場合には、家庭文化の間の差異は比較的小さいでしょう。同じような持ち物を持ち、同じようなことに興味関心を向けているでしょう。しかし、地域の生活スタイルが多様な場合、家庭文化の間の差異は相対的に大きくなります。子どもたちの持ち物や服装、大事にしている価値にも違いが目立つかもしれません。

　家庭間の文化の違いは、子どもたち同士の友だち関係のつくりやすさを左右したり、行動上の習慣の違いが子ども同士のトラブルを生んだりすることがあります。教師自身も含めて、誰もが自分が生まれ育った家庭の文化が体にしみ込んでおり、そこから世界を見ているものです。だからこそ、それぞれの家庭の文化を互いに尊重する姿勢を大切にしたいものです。

7章　子どもと家庭

5. 貧困の問題

　ここまで、子どもたちにとっての家庭の意味や役割を見てきました。しかし、こうした家庭の役割は、これまで見てきたように、家庭がある程度安定している場合に果たされるものです。現代社会は、そうした家庭の安定した機能を大きく損なう恐れのある諸問題に直面しています。そうした問題の代表的な例は、貧困の問題と虐待の問題です。虐待の問題については、28章で見ることにして、ここでは貧困の問題に焦点を当てたいと思います。

　子どもの貧困の問題が社会に広く認識されるようになったのは、まだ比較的最近のことです(阿部, 2008)。2022年に厚生労働省が実施した国民生活基礎調査の結果では、日本の子どもの相対的貧困率は11.5％であり、最も高かった2013年の同調査の16.3％からは改善傾向が見られますが、依然として約9人に1人の子どもが相対的貧困の状態にあることに注意が必要です。

　貧困は、家庭生活の全般にわたってゆとりを失わせます。まず経済的ゆとりのなさは、学校生活に要する諸費用の負担を困難にします。これに対しては収入の水準に応じて公的な支援が得られますが、学校外の教育費用には公的支援は得られず、民間の通塾や通信教育を利用することは難しくなります。このことは、より高い学力を身につけるという点では不利に働くことが少なくありません。

　保護者の就労状況は、非正規雇用やパート勤務など、労働時間が不安定で長時間に及びがちです。そのため、家事や子どもの世話に労力をかけるゆとりは少なく、子どもたちと一緒に過ごす時間の確保にも苦労する家庭もあります。子どもの年齢が低ければ、子ども自身が身の回りのことを自力で処理するには限界があります。

　貧困の問題は、目に見える現象以上に、子どもが安心して、未来に希望を持って成長することを困難にする可能性をはらんでいることを、しっかりと認識する必要があります。家庭に生じている困難な状況に対して、学校が直接に支援できる部分は少ないでしょう。しかし、子どもたちがそれぞれの家庭の中で、どのような生活状況にあり、それを子どもたちがどのように経験しているかに思いを馳せることは、子ども理解を深めるうえで欠かすことのできないことです。

35

第1部　児童生徒理解を深める

8章 子どもと学校

　就学後の子どもたちは、学年が進むにつれて、日中の大半の時間を学校で過ごすようになります。子どもたちにとって、学校はどんな場所でしょうか。子どもたちは、学校生活において何を経験しているのでしょうか。ここでは、子どもたちの学校生活を、学習活動、子ども同士のかかわり、学校行事という3つの側面から考えてみます。

1. 学習活動

　子どもたちにとって、学校は第一に勉強をする場所です。幼児期までは遊ぶことが日々の活動の中心だった子どもたちは、就学とともに、一日の多くの時間を学習活動に費やすことになります。しかも、学校にはさまざまなルールがあり、そのルールに則って一日を過ごさなくてはなりません。遊びと違って、学習活動は、好きなときに始めて、気が向かなくなったらやめるというわけにはいきません。時間割があって、授業が始まるときと終わるときはあらかじめ決まっています。授業中は、教師の指示に従うことが求められます。通常は、指示がない限り、机に向かってまっすぐに座り、勝手におしゃべりしたりせずに、教師の話やクラスの他の子どもたちの発言をしっかりと聞くことを求められます。そして自分も発言を求められます。子どもたちは、こうした学校での日々の過ごし方に慣れていかなければなりません。

　子どもたちにとって、教師の存在と役割は重要です。子どもたちは、一人ひとり、それぞれ独自の願望と欲求を持っています。教師の指示に従いながら学習活動をすることを楽しみにしている子どもたちばかりではないでしょう。なぜ今遊んではいけないのかと思っていたり、教師の説明がわからないと思っていたり、少し体調が悪くて教師の話を聞く余裕がなかったり、昨日見たテレビ番組について教師に話を聞いてほしくてうずうずしたりしているかもしれません。教師は、そういった子どもたちを導いて、子どもたちの様子に配慮しながら、授業に関心を持たせ、活動に取り組ませます。授業という形式において学習活動が成立するためには、学級の子ども

8章　子どもと学校

たち全員を視野に入れた教師の不断の働きかけが必要です。そうした働きかけがあって初めて、そしてそうした働きかけに助けられて、子どもたちは学習の意義を理解し、学ぶことの面白さを経験し始めることができるのです。

　学ぶことの面白さは、知らなかったことを知る面白さであり、わからなかったことがわかるようになる面白さです。それ以上に、新しく何かを知ったり、何かがわかったりすることで、新しい疑問が生まれる面白さでもあります。子ども自身の中で生まれた疑問は、好奇心の源であり、誰に言われずとも自分でその疑問に対する答えを探したくなります。学習活動には、そこで学んだことが実際的に役に立つという面があるとともに、子どもの好奇心を育み、それぞれのやり方で世界について、人間について、探究したいという子どもの精神活動を育む面もあることを忘れてはならないでしょう。

2. 子ども同士のかかわり

　学校には学級があります。子どもたちには自分が所属する学級があり、学級の中で他の子どもたちと共に学習活動に取り組みます。学習活動だけではありません。休み時間には一緒に遊び、給食を一緒に食べ、一緒に清掃活動を行います。中学生になれば、一緒に部活動も行います。こうした主として同年齢の子どもたちとのかかわりは、学校という場に特徴的です。こうしたかかわりには、子どもたちにとってどんな意味があるのでしょうか。

　まずは、子ども同士が集まった集団の中で日々を送ることには、それ自体の中に人間関係についての学びの契機がたくさん含まれています。毎日をそれなりに楽しく過ごすには、集団で遊ぶには、グループ学習で与えられた時間の範囲内で結果をまとめるには、仲間と折り合いをつけていく術を身につける必要があります。相手と自分とでやりたいことが違うけれど、どちらか一つしかできないとき、みんながわれ先にと争っている中で順番を決めるとき、自分はやりたくないけれど仲間からはやらなければ困ると言われるとき、仲間の中に協力しないメンバーがいるとき、こうしたときにどのように互いに折り合いをつけて物事を先に進めていくのか、現実に直面しながら学んでいく絶好の機会です。しかし、子どもたち同士だけでは、折り合いをつけられなかったり、トラブルになったり、集団がバラバラになってしまったりと、

37

第1部　児童生徒理解を深める

収拾がつかなくなることもあります。そうしたときには、教師が介入して助ける必要があるでしょう。教師の助けを借りながら、利害が衝突したときの折り合いのつけ方や、それでも折り合いがつかない場合にどうしたらいいかといったことを、子どもたちは学んでいくことができます。

　また、子どもたちは互いの姿を見て、目の前で仲間がやっていることを見て、多くのことを学ぶことができます。例えば、運動の技能など、教師の説明を聞いて、教師がやってみせるのを見て学ぶ以上に、クラスの仲間がやっているのを見て、また仲間からの助言を受けて、似たところでつまずいている仲間同士が集まって知恵と工夫を出し合って、うまくできるようになる例が多いかもしれません。課題の性質によっては、仲間が取り組んでいる姿を身近に見ることから多くのことを学べるものです。

　さらに、子どもたちは互いの姿を見て、互いの似ている部分と違っている部分に気づくことになります。特に思春期には、互いに似ているところを見いだすことは、孤独感を和らげ、安心感を生み出すことにつながります。また、互いの違っている部分を見いだすことは、自分に足りないものへの気づきや、互いに協力して補い合うことの価値への気づきを生む契機にもなります。

3. 学校行事

　学校には、運動会、合唱コンクール、文化祭といった行事があります。これらは、特別活動として年間行事に組み込まれ、計画的に実施されます。こうした行事は、それ自体に子どもの興味関心を引きつける要素もありますが、普段子どもたちが学習して身につけたことや、子どもたち同士のかかわり合いの経験の中から学んだことを、具体的な課題を通して実地に応用してみる機会です。そして、グループや学級、学年を超えた縦割りの集団などを単位として、成果を追求して課題に取り組み、準備や練習を重ねる中で、解決すべき新しい課題にも出会うことになります。

　グループで目標を共有するにはどうしたらいいか、努力するメンバーと力を抜くメンバーが固定化してきたらどうしたらいいか、どうすればみんなでうまく息を合わせることができるのか、期日までに仕上げるにはどういうペース配分で準備を進めたらいいのか、簡単には答えや解決策が見つからない問題がたくさん出てくるでしょ

う。教師からのサポートを受けながらも、子どもたち自身が試行錯誤を重ねて道を探すことに大切な意味があります。そうして本番を迎えて課題をやり終えたときには、満足感や心残りな思い、喜びや悔しさの気持ちが、子どもたちに得られるでしょう。そして、そうした気持ちにしっかりと向き合うことが、子どもたちが次の新しい課題に挑戦し、成長していく原動力となっていきます。

4. 学校への不適応

　このように、子どもたちにとって、学校には学校ならではの意義があります。しかし、現実には学校に通うすべての子どもがそうした学校生活の意義を感じ、恩恵を受けているわけではありません。学校生活になじめなかったり、学習についていけなかったり、学校で一日を過ごすことに安心感を持てなかったり、心身の不調から登校できなかったりする子どもたちが存在します。

　学校生活に適度な安心感を持てず、ほどよい手応えを感じられず、学校生活を送ることに苦痛や困難を感じている状態は、学校への不適応状態としてとらえられます。学校は子どもにとって日常生活の中心を占めるものであり、学校への不適応状態は、子どもの日常生活の質を大きく低下させる要因になります。安心感を持って学校生活を送れなかったり、そもそも登校できなくなったりすることによって、子どもは大きな不利益を受けます。

　子どもたちは、学校生活に苦しさや困難を抱えていても、それをはっきりと言葉で周囲の大人に訴えるとは限りません。子どもの普段の様子やその微妙な変化から、子どもが困難に直面していることに気づくことは、保護者や教師の責務でしょう。周囲の大人が気づかないままに状況が悪化して追いつめられると、子どもは学校を休み始めたり、暴力行為を暴発させたりすることもあります。子どもたちの心情のすべてはわからないにしても、子どもたちの苦しみや悩みを敏感に察知する感性を、子どもと日々かかわることを仕事とする教師は磨いていかなければなりません（詳しくは、23章を参照）。

Column 2

遊びは大切か

*

「遊び」と聞くと、みなさんはどんなイメージを持ちますか。仕事や勉強に比べると、遊びは何かの役に立つわけではありません。気分転換や楽しい気持ちになりたくて、ただそのために遊ぶと言えそうです。それはそれで良さそうですが、「夜遊び」や「火遊び」といった危険な遊びもありますし、「遊び人」になってしまうと、社会人としては困ったことになりそうです。どうも、遊びとはあまり良いことではなく、困ったことや無駄なことかもしれません。

しかし、少し違った見方をすると、余裕や幅を持たせることを「遊びがある」と言います。一見無駄に見える遊びがあることで、柔軟さや滑らかさが生まれて、機械でも、人間関係でも、動きやすくなるものです。四六時中遊びだけでは困るし、自他を危険にさらすような遊びは問題ですが、遊びがまったくないと、息が詰まってしまいます。

小さな子どもが、一人で積み木遊びに夢中になっている様子を想像してみてください。積み木で机を叩いて大きな音を立て、気持ちを発散させることもあるでしょうし、積み木を人や動物に見立てて、静かに集中した遊び方をすることもあります。本来、遊びは子どもにとって自由で、自発的な活動であることが特徴です。

こうした自由で自発的な遊びには、想像力や創造性が活発に働いています。子どもは毎日さまざまな新しい出来事に遭遇しています。自分の外からたくさんの新しい刺激や情報に出会いますし、自分の中からもたくさんの新たな変化や成長が起こってきます。それらを「こなして」自分のものにしていくのは、なかなか大変なことです。そこに一役も二役も買っているのが、遊びなのです。遊びは実験であり、確認であり、統合であり、発散であり、発見でもあります。

自由で自発的な遊びができる「遊び場」をつくるのは、大人の仕事です。安全で安心できる場は、周囲の大人しかつくれません。このように見てくると、教師が子どものために「学び場」をつくるのも、「遊び場」の進化形と言えるかもしれません。「よく遊び、よく学べ」です。

（角田　豊）

第 **2** 部

児童生徒の成長を促す

第2部　児童生徒の成長を促す

9章 学習指導と生徒指導

1. 学習指導と生徒指導の関連

「学校の先生とはどんな仕事？」と質問されたら、多くの人は、「勉強を教える仕事」だと答えるでしょう。確かに、勉強を教えること (学習指導) は教師にとって大切な役割の一つです。しかし、それだけではなく、児童生徒を理解し、児童生徒の自己存在感を育み、教師と児童生徒あるいは児童生徒間の信頼関係を築くこと(生徒指導)も、教師にとって大切な役割の一つです。

生徒指導提要 (改訂版) には、「学習指導を担う教員が同時に生徒指導の主たる担い手にもなるという日本型学校教育の特徴」を生かすことが重要だと示されています。なぜならば、児童生徒が学級・学校になじめなかったり、不登校になったりする背景に、「勉強がわからない」「授業がつまらない」等のつまずきや悩み(学習指導上の課題)が関係している場合があるからです。また、「わかりやすい授業」「誰にも出番のある全員参加の授業」が、児童生徒の自己肯定感や自己有用感(生徒指導上の課題)を高める場合もあるからです。

ところで、学校が直面する問題は、学校だけで抱え込むのではなくスクールカウンセラーやスクールソーシャルワーカー等との連携による支援チームとして対応する必要があります。心理や福祉等の専門家との協働によって問題の解決を図ることはとても大切です。ただし、児童生徒の内面理解やサポートをすべて「心の専門家」のカウンセラーに丸投げするのは連携ではありません。改訂前の旧生徒指導提要には、「『連携』とは何か問題があった場合に、『対応のすべてを相手に委ねてしまうこと』ではありません。学校で『できること』『できないこと』を見極め、学校ができない点を外部の専門機関などに援助をしてもらうことが連携なのです」と示されていました(文部科学省, 2010)。

公認心理師の専門性については、公認心理師法第2条に、心理に関する支援を要する者の心理状態を観察・分析し、相談に応じ、助言、指導その他の援助を行うこと等が示されています。このように、カウンセラーは、端的に言えば「心理療法の専門

42

家」であり、学校がその専門性とつながることには大きな意味があります。しかし、一方で、教師も教育者として児童生徒の内面にかかわる「心の専門家」であるという矜持を失ってはいけません。小学校学習指導要領の「第4節　児童の発達の支援」には、教師と児童との信頼関係及び児童相互のよりよい人間関係を育てるために、「個々の児童の多様な実態を踏まえ、一人一人が抱える課題に個別に対応した指導を行うカウンセリング」が教師にも求められると示されています。このように、「日本型学校教育の特徴」を生かして、学習指導と生徒指導を関連づけて展開することによってこそ、両者の深まりが実現できるのです。

2. 教師のコミュニケーション能力

　教師が児童生徒とのコミュニケーションのあり方に無頓着で鈍感であっては、いくら多くの知識を持っていたところで、良い学習指導は望むべくもありません。教師の「話し方」は、①話す際の顔や視線の向き、②声の大きさ・トーン・スピード・間、③言葉づかい、などの観点で考えることができます。

　①については、基本的には顔や視線が児童生徒に向いていないと言葉は届きにくいものです。例えば職員室に質問や相談にやって来た児童生徒に、顔も上げず視線は机の上の書類に向けたままで対応するような態度では、児童生徒は誠実さや共感性を感じないでしょう。授業においても、例えば黒板や窓に顔を向けながら話すようなあり方では、児童生徒は真剣さや情熱を感じないでしょう。

　②については、教師の声の大きさやトーンによって、安定感・安心感などの雰囲気を醸し出す場合もあれば、緊張感・強迫感などの雰囲気を醸し出す場合があるでしょうし、さらにそれを場面に応じて使い分けることも必要です。また、スピードや間は、「話すスピードが早すぎるとついていけずわかりにくい ⇔ 話すスピードが遅すぎるとダレを誘引し集中を削ぐ」「間がなさすぎると児童生徒の思索や思考を妨げる ⇔ 間がありすぎると学習内容から気持ちが遠ざかる」等の葛藤の中で、教師はほどよいありようを模索していくことになります。

　③の「言葉づかい」も、「丁寧すぎると堅苦しくなり児童生徒が心を開きにくい ⇔ 崩しすぎると児童生徒の“ため口”文化に巻き込まれる」という葛藤が伴う難しい問題です。

第2部　児童生徒の成長を促す

　これらの観点は、教師の側の単なる「話術」の問題ではなく、教師と児童生徒の関係性の問題として考察することが重要です。2章で述べたように、関係性重視は「臨床の知」の柱の一つです。そのような省察を通じて教師が自らのコミュニケーション能力を豊かにしていくことが、学習指導や生徒指導の深まりにつながっていくのです。

3. 学習指導における対話

　授業では、単方向の講義だけではなく、教師の発問等による児童生徒との対話を通じた学びの深まりが大切になります。しかしながら、「良い発問とは？」というテーマも、なかなか難しい問題です。

　これは、筆者(阿形)自身もしばしば陥った落とし穴でしたが、教師の側は「学習内容の確認」の意図を持っていたとしても、答えがわかりきった自明のことばかりの質問が続いてしまうと、児童生徒にとってみれば、教師の思惑とは異なり、結果的に、

　「質問は『当たり前』のレベルで行います」

　「授業は『お約束のやり取り』で進めましょう」

　「こちらが意図しない反応は遠慮してくださいね」

というニュアンスが伝わるヒドゥンカリキュラムになってしまう危険性があります。また、「質問 → 正解」のリズムでの予定調和的な進行は、教師にとってある意味で「楽」「快」ですが、「簡単には答えられない質問」「しっかりと考えないとわからない質問」「場合によれば教師も揺さぶられる質問」など、「児童生徒がより深く考え学ぶ授業」という観点で発問のあり方を検討することが大切です。

　そもそも、「質問する」という行為の背景には、ある種の「上から目線（権力性）」が潜んでいるかもしれないことを教師は自覚する必要があります。鷲田(2012)は、「訊く」というのは知らない人が知っている人に問いとして向けるものだが、学校では、知っている人(先生)が知らないかもしれない人(児童生徒)を験すためになされると述べ、「教師が『伝える／応える』という関係だと思っているものが、生徒には『験す／当てる』という、不信を前提とした関係として受けとめられる」と指摘しています。

　さらに、質問に対する児童生徒の「間違った答え」には、「思いつき」「デタラメ」「ふざけ」によるものももちろんありますが、児童生徒の表情や答えた後の様子などを見

ていると、中には、誤答ではあるけれど本人なりに真面目に熟考した回答で、それなりに深い意味を持っている場合もあります。「$a \times 5a = 5a^2$」を正しく解答できない生徒がいました。ちなみに尋ねると「$1 \times 5 = 5$」「$a \times a = a^2$」はできます。じゃあどうして……と思いましたが、話を聞いていくと、その生徒は、「a」は前に数字がついていないから「? a」、つまりaがいくつなのかがわからないから計算しようがないと考えていることがわかりました。掛け算やべき乗ができないのではなく、「文字式の項の係数が1の場合は省略する」というところでつまずいていたのです。このように、正答ではない場合も、「どうしてそう思ったのか？」など対話を重ね、その答えを考えた理由や発想に耳を傾けていくと、児童生徒がつまずいている部分が浮かび上がってくることもあります。

また、「間違いの中にこそ真理への道しるべが宿る」「誤答をめぐるやりとりが理解を深めるための思わぬ展開につながる」という発想も大切です。

筆者が参観した小学校の算数の授業で、「チーターは、秒速32mで走るそうです。チーターがこの速さで5秒間走ると、何m進みますか」という問題が出されました。何人かの児童が160mと答えました。しかし、ある児童は隣の児童に、「でも、最初の1秒は32mも進まないよな……」と話しかけました。その声に先生は特に対応されず、その児童は「チッ、無視か……」とつぶやきました。

小学校の算数では、先生はわかりやすく「もの」にたとえて説明しますが、プラトン風に言えば、まったく誤差のない完全な「32m」や「5秒」があるのはイデア界で、現実の世界にあるのは不完全な似像に過ぎません。そして、算数や数学が扱っているのは本当はイデアの世界（紛れのない抽象世界）の話です。そうであるなら、この児童の発言に対し、教師は、「その通り。算数の授業では、わかりやすいように"もの"にたとえたりするけれども、本当は、現実の世界ではない"完全な世界"のことを考えるのが算数のお勉強なんだよ」とでも言ってみてはどうかと思いました。そんな対応が、いつの日か、「あのとき先生がおっしゃっていたのは、"抽象的思考"のことなんだ」と気づくための種を蒔くことになるかもしれません（阿形, 2021a）。教師が自分の想定する展開と正答にとらわれすぎると、そんなチャンスをみすみす逃してしまうことにも留意したいものです。

第2部　児童生徒の成長を促す

10章 道徳、総合的な学習の時間と集団づくり

1. 集団が持つ「互いを高め合う力」

「ひとりきり泣けても、ひとりきり笑うことはできない」。中島みゆきの『with』(2001) の歌詞の一節です。確かに、悲しみは一人でも生じる情動ですが、喜びは一人きりではなく誰かと共に経験する中でこそより深くなる情動だと考えられます。アリストテレスが「人間は社会的（ポリス的）動物である」と語ったように、人は、ポリス（都市国家）のような共同体の中で、他者と共により豊かに生きることを志向する存在です。

しかし、現代社会は、"with" すなわち "誰かと共に" を実感することが難しい社会であると言えるかもしれません。インターネットやスマートフォン等が発展・普及する中で、他者とのコミュニケーションの利便性は飛躍的に向上しました。しかし、それが必ずしも、人と人との関係性の豊かさにつながったわけではありません。

陸上ハードルで活躍した為末大は、リアルなつながりや絆の裏側にはドロドロした人間の嫌な面や面倒くささも存在するものであり、それが鬱陶しくてバーチャルな世界に行くと、いつでも替えが利く存在としての気軽さがある反面、血の通ったつながりがなくなるのであり、「誰とでも」は「誰でもいい」と同じだと述べています（為末, 2013）。また、森田 (2010a) は、人々の関心が公共性や共同性から後退し私生活に重きを置いていく「私事化」が進んでいることを指摘し、ソーシャル・ボンド（人と人、人と社会のつながりの糸）を築くために、児童生徒の社会的なリテラシーを涵養することが大切だと述べています。

学校教育においては、学級づくり・集団づくりも重要な課題の一つですが、児童生徒が "with" の意義を理解するためには、集団が持つ「互いを高め合う力」を実感できるような機会の提供とサポートが必要です。具体的には、例えば「道徳」や「総合的な学習の時間」、あるいは特別活動等を活用することが考えられます。

46

2. 「道徳」を通じての集団づくり

道徳科では、教員と児童生徒及び児童生徒間の相互理解を通して人間関係・信頼関係を築くために、コミュニケーションを通した人間的な触れ合いの機会が重視されます（文部科学省，2022）。

学習指導要領では、道徳科の内容項目について、「主として人との関わりに関すること」として「友情、信頼」「相互理解、寛容」など、また「主として集団や社会との関わりに関すること」として「公平、公正、社会正義」「よりよい学校生活、集団生活の充実」などが示されています。そして、文部科学省が「考え、議論する道徳」への転換を求めているように、これらの道徳性は、いわゆる「読み物道徳」「押し付け道徳」ではなく、児童生徒が道徳的な課題を自分自身の問題としてとらえて考え、自分とは異なる意見を持つ他者と議論することを通じて育まれるものです。

「考え、議論する道徳」の試みの一つに、p4c（ピーフォーシー、philosophy for children：子どものための哲学）を取り入れた教育実践があります。p4cとは、円座になった子どもたちが対話を通して考えを深めていく学習活動です。

ちなみに、円・輪になって座ることには、お互いの顔・表情・反応がよく見える、みんなが「中心」から等距離で誰が上でも下でもない、輪の一部として責任と権利を等しく担う自覚が生まれる、などの意味があります。さらに、円座では、からだの半分は共同体の一員として輪の中にあり（自分の正面の姿は他のメンバー全員から見える）、半分は個人として輪の外にある（自分の背後の姿は他のメンバーからは見えない）ので、共同体の一員として認められると同時に、個人であることも認められ、多様な考えを自由に出し合い認め合う関係ができやすいのです（中野，2001）。

p4cでは、メンバー全員が協力してさまざまな色の毛糸でつくったコミュニティボールを回しながら、次のようなルールで対話を進めていきます。

＊ボールを持っている人だけが話すことができる。
＊話し終わったら、名前を読んで誰かにボールを回す。
＊何も言わずにパスしてもかまわない。
＊他の人の発言を否定したり、他の人を傷つけることを言ったりしない。

第2部　児童生徒の成長を促す

　道徳科における実践例を見ると、p4cの取り組みによって、児童生徒の主体的な思索や話し合いが促進されることがよくわかります。さらに、互いに尊重し対話を重ねる活動を通じて、児童生徒は「互いを高め合う力」を実感し、相互信頼と絆を深めていく様子もうかがえます。

　中野 (2001) は、「知恵も力も関係の中に生じる」と述べ、ワークショップでは、一人では思いつかなかったアイデアが出たり、自分だけでは抜けられなかったところから踏み出せたりすることがあるように、グループでの活動では単なる個の総和を越えた力が出るシナジー効果（協働による相乗効果）が生まれると指摘しています。このようなシナジー効果が生まれる道徳科の授業は、「考え、議論する道徳」、さらには児童生徒の集団づくりにつながっていくものです。

3. 「総合的な学習（探究）の時間」を通じての集団づくり

　「総合的な学習の時間」では、教科等の枠を超えた横断的・総合的な学習、探究的な学習に主体的・協働的に取り組むことが求められます。

　生徒指導提要（改訂版）では、複雑な現代社会においてはいかなる問題も一人だけの力で解決していくことは困難なので、他者との協働が不可欠であり、総合的な学習の時間に他者と協働的に課題に取り組み、自分とは異なる見方・考え方があることに気づくことで解決への糸口もつかみやすくなると示されています。

　ところで、「国語」「理科」などの各教科の名称はその教科の目標や内容を表すものですが、「総合的な学習の時間」という名称は学習の時間・場であることを示しているだけで教科内容等は表していません。つまり、前者は「コンテンツ」を示す名称であるのに対し、後者は「フィールド」を示す名称だとも言えます。だからこそ、総合的な学習の時間では、児童生徒が実社会や実生活の中から問いを見いだし、自分で課題を立て、学習に協働的に取り組むことが求められるのです。2章で、「臨床の知」は個別性・現実性・関係性の3つの原理を大切にする考え方であると述べましたが、総合的な学習の時間は「臨床的な学習」としての意義が大きいと言えるかもしれません。

　児童生徒の協働性を高めるためには、グループエンカウンター、ピア・サポート、ソーシャル・スキル・トレーニング、アサーショントレーニング等を取り入れた活動も有効です。これらは、総合的な学習の時間以外に、学級活動・ホームルーム活動や

学校行事で実施することも考えられます。

　また、2018年に告示された高等学校学習指導要領により、高校における「総合的な学習の時間」は2022年度から「総合的な探究の時間」に名称変更され、探究の過程をいっそう重視することが求められています。具体的には、生徒が自らテーマを設定し、情報を収集し整理・分析して、その成果を発表・発信するような取り組みが見られますが、このような学習活動も、共通のテーマに関心のあるグループを編成し、協働的に展開することで、シナジー効果がいっそう高まります。

4. 集団づくりの留意点

　以上、この章では、道徳や総合的な学習（探究）の時間を中心に、集団づくりの意義について述べました。教師は、児童生徒が深い絆で結ばれる集団であってほしいと考えるものです。それは当然の願いですが、「そうあるべき」という発想に陥ってしまうと、児童生徒は息苦しさを感じることに留意する必要もあります。

　森田（2010b）は、「ソーシャル・ボンドは人を社会へと参画させる『つながりの糸』であって、個人を強制的に引っ張っていく『鎖』になってしまっては、求心力は高まらない」と、「絆」の光と影について述べています。また、菅野（2008）は、学校というのはとにかく「みんな仲良く」で、「いつも心が触れ合って、みんなで一つだ」という「友だち幻想」が強調される場所だが、そろそろそうした発想から解放され、気の合わない人とも傷つけ合わずに過ごせる関係を目指すために、「親しさか、敵対か」の二者択一ではなく態度保留という真ん中の道を示す必要があると提言しています。

　「みんな仲良く」が強迫的な形で児童生徒に示されると、集団凝集性が強くなりすぎて、同調圧力が高まります。そのような集団の雰囲気は、皮肉なことに、教師の願いとは裏腹に、いじめ（特定の者に対する忌避や攻撃）を誘発してしまうこともあります。そう考えると、「みんな仲良く」は、性急に実現を求める指導ではなく、そのプロセスでの児童生徒間の関係性の展開（軋轢や葛藤なども含めて）に着目する指導としてとらえることが重要です。

第2部　児童生徒の成長を促す

11章 | 特別活動と生徒指導

1. 特別活動におけるグループワーク

　特別活動とは、小学校における学級活動・児童会活動・クラブ活動及び学校行事、中学校における学級活動・生徒会活動及び学校行事、高校におけるホームルーム活動・生徒会活動及び学校行事です。

　学習指導要領では、「特別活動は、『集団や社会の形成者としての見方・考え方』を働かせながら『様々な集団活動に自主的、実践的に取り組み、互いのよさや可能性を発揮しながら集団や自己の生活上の課題を解決する』ことを通して、資質・能力を育むことを目指す教育活動である」と示されています。

　このような集団活動を活性化するためには、10章で述べたように、グループエンカウンター、ピア・サポート、ソーシャル・スキル・トレーニング、アサーショントレーニング等のグループワークを取り入れると効果的です。

2. グループエンカウンターと集団活動

　エンカウンター (encounter) とは「出会い」の意味で、グループエンカウンターとは、活動を通じて他者に出会い、自分に出会い、他者理解・自己理解や人間関係を深めていく体験のことです。グループワークやワークショップ等のように、ワーク (work) が単なる「仕事」ではなく「参加・体験型の活動」を意味する言葉として使われることが一般化したのは1980年代からではないかと思われますが、グループエンカウンターも同時期に広く社会で認知され始め、教育現場でも取り入れられるようになりました。

　グループエンカウンターには「構成的」「非構成的」の2種類があります。構成的グループエンカウンターでは何らかのエクササイズ（あらかじめ提示された具体的な課題にルールに沿って取り組む活動）が設けられますが、非構成的グループエンカウンターには課題やルールはなく、自由に対話（沈黙も含めて）が進められます。

50

学校教育では、構成的グループエンカウンターがよく使われます。エクササイズの例としては、グループのメンバーごとに別々の情報が与えられ、グループ全員の情報を持ち寄らないと正解に至らないような課題に取り組むものなどが一般的で、児童生徒がコミュニケーションや協力の重要性を実感する活動となります。

3. アサーショントレーニングと集団活動

アサーション（assertion）とは、「言い過ぎる」わけでも「言えない」わけでもないほどよい自己主張のことで、アサーショントレーニングとは、対人場面で自分の伝えたいことを適切に伝えるためのトレーニングです。

人は、何かを主張する際に、わがまま・でしゃばりな「怪獣」になったり、怖がり・ひっこみじあんな「ネズミ」になったりすることがあります（Palmer, 1988）。アサーショントレーニングは、他者をコントロールするのでも他者にコントロールされるのでもない人間関係のあり方を目指すもので、児童生徒のコミュニケーションスキルの育成に役立ちます。

4. グループワークの留意点

グループワークを行う際に留意すべき点は、「ワークだけが有意義なのではない（万能ではない）という認識」です。

学級が崩壊し荒んだ雰囲気になっている中では、一定の協働性が必要となるエクササイズは目標に到達できない可能性が高く、エクササイズの失敗によってかえって相互の不信感や無力感が増幅される場合もあります。そんな状況では、まずは教師が壁になって学級の無秩序・放縦に向き合うことが先決です。

また、他者への気配りや協力などのテーマは、グループワークだけではなく、体育の授業の球技での「パスをつなぐ」活動などでも育まれるものですし、部活動の日々の練習もグループワークとしての意味を持っていると言えます。ですので、グループワークは人間関係を深める機会のワンオブゼムであるととらえるとともに、振り返りを通じて学校生活のさまざまな場面で経験する人間関係の意味や構造に児童生徒が端的に気づく（経験を概念化する）活動として位置づけるとよいでしょう。

第2部　児童生徒の成長を促す

12章　キャリア教育の必要性

　子どもたちが、社会に出て自立して生きていけるようになることは、教育の大きな目標です。「子どもに何が必要かを見立て、かかわる力」が教師の学校臨床力であるなら、「キャリア教育」が生まれてきた背景を押さえ、子どもたちの自立にどのような力が必要かを、教師一人ひとりがしっかりと考えることが大切になります。

1. キャリア教育が生まれた背景

　時代や社会の変化とともに、「産業構造」は変わっていきます。昔は農林水産業といった第一次産業が主力の産業でしたが、いろいろな製品をつくる第二次産業中心の時代・社会へと移行し、さらにはさまざまなサービス業が主となる第三次産業へと移り変わってきています。情報化社会と呼ばれるように、インターネットやAI（人工知能）の発展など、さらにこれからも変化が起こっていきます。

　つまり、子どもたちが学校を終えて仕事に就く際に求められる能力は、時代や社会の変化とともにさまざまに変わると言えます。また、正規雇用から非正規雇用が増加する（2023年の非正規雇用率37%：総務省, 2024）といった「就業構造」にも変化が起こってきたのが日本の状況です。

　このような背景のもと、学校を卒業しても、社会に出て職業に就くことが以前よりも難しいという状況が起こっています。景気によって企業の募集人数が変わりますが、2023年で見ると15〜24歳の完全失業率は4.1%（全体は2.6%）であり、就職しても初任の期間にうまく適応できずに苦しむ若者が増えているという現状があります。

　また、職業に対する若者の意識には変化が起こってきたという指摘があります（国立教育政策研究所, 2013など）。高校の進学率が高くなったことは、社会の教育水準として喜ばしいことですが、明確な目的意識が低いまま普通科高校に進学する人たちが増えたという見方です。しかし、最近では、普通科だけでなく総合学科や従来の職業科を発展させたり、通信制で特色を生かしたりなど、多様な高校が生まれてきており、社会も若者の意識も変化しつつあると言えそうです。

52

12章　キャリア教育の必要性

「進路指導」とはこれまで高校でなされてきました。本来はそこに職業指導も含まれていましたが、受験を中心に据えた「進学のための指導」になることが、日本では多かったと言えます。こうした背景や課題意識から、子どもたちが、社会の中で将来どのような役割を担うのかを、もっと自ら考え体験できる機会が必要であるという認識が生まれてきました。

2. キャリア教育に求められること

そもそも「キャリア」とは何でしょうか。人は、社会の中でさまざまな役割を果たして生きていくことになります。職業はもちろんその中の大切な要素ですが、単にお金を稼ぐことだけが職業でないのは確かでしょう。

キャリアには「ワークキャリア」と「ライフキャリア」があります。ワーク・ライフ・バランスと言うように、職業とそれ以外の生活の中で、自分に合った役割を見いだすことが大切です。現実社会とのつながりの中で具体的にそれを行っていくことが、その人のキャリア形成ということになります。

キャリア教育とは、一人ひとりの子どもたちが、社会的・職業的自立に向けて必要な「基盤となる能力や態度」を育てることであり、子どものキャリア発達を促すための教育と言えるでしょう。そのためには、幼い頃からその発達段階に即しながら、体系的にキャリア教育を進めていくことが大切になります。そして、表1に示したようなキャリアの基本となる4つの「基礎的・汎用的能力」の育成を目標に進めていこうと考えられています。

表1　キャリア教育における基礎的・汎用的能力

① 人間関係形成・社会形成能力
② 自己理解・自己管理能力
③ 課題対応能力
④ キャリアプランニング能力

こうした基礎力をもとにしながら、体験的な「職業教育」の充実を図り、やがては専門性と実践性を重視した教育につなげていくことが、キャリア教育の大きな方向性と言えます。

53

第2部　児童生徒の成長を促す

13章 | 基礎的・汎用的能力

　キャリア教育とは、特定の活動や指導方法に限定されるものではなく、さまざまな教育活動を通して実践されるものとされています。つまり、学校教育の理念や方向性を示すものと言えます。ここでは、前章でも触れた、社会的・職業的自立の基盤とされる4つの「基礎的・汎用的能力」について見ていきます（文部科学省，2011）。

1. 人間関係形成・社会形成能力

　人間関係形成・社会形成能力とは、①多様な他者の考えや立場を理解すること、②相手の意見を聞いて、自分の考えを正確に伝えられること、また、③自分の置かれている状況を受けとめ、役割を果たしつつ他者と協力して社会に参画し、これからの社会を積極的に形成できる力、とされています。

　現代社会では、価値の多様化が進んでおり、性別、年齢、個性、価値観などがさまざまな人が活躍しており、さまざまな他者を認めつつ協働していくことが重要となります。例えば、性的マイノリティについての理解（31章を参照）が挙げられるでしょう。

　より具体的には、他者への共感性、相手の話の聞き方や自分の意見の伝え方といった「コミュニケーションスキル」や、他者と協働していく「チームワーク」、集団をまとめていく「リーダーシップ」などが求められます。これらは、日々の学校教育における集団・グループ活動などの機会を通して、子どもたちが体験的に学ぶことが大切です。

2. 自己理解・自己管理能力

　自己理解・自己管理能力とは、「自分には何ができるのか」「自分が意義を感じるのはどのようなことか」「自分がしたいのはどのようなことか」といった自分自身についての理解を深め、社会との関係を維持しながら、自分自身を成長・発展させていくこ

とです。子どもが主体的に学ぶこととともに、自分の思考や感情をコントロールする力を身につけることも大切になります。

　最近は子どもや若者の自己肯定感の低さが指摘されており、子どもが持っているその子なりの良さや可能性を積極的に教師が見つけ評価する、つまり褒めることの重要性が強調されています。1章や16章で触れているように、叱ることと褒めることのバランス、また教師の本気さは重要で、子どもの自己理解や自己管理能力を養ううえで、こうした教師からの応答性は不可欠と言えます。

3. 課題対応能力

　課題対応能力とは、仕事上の課題を発見・分析し、適切な計画を立てて処理・解決していく力のことです。つまり、①自分が出会っている目の前の課題が何かを理解するために情報を集めて整理し、②冷静さや客観性を保ちながらその本質が何かを分析して課題を明確にし、③それを解決するために、これまでのやり方を選択したり、今までの考えにとらわれない独創性をもって対応を計画したりしながら、④それを実行に移していくという、総合的な力と言えます。

　学校教育の中では、情報の調べ方の学習や、身近な日常的な活動を子どもたちに計画させたり、自分たちで考えさせたりする機会をつくり、創造的に工夫する場面をつくることが役に立つでしょう。

4. キャリアプランニング能力

　キャリアプランニング能力とは、働くことの大切さを子どもたちが自分のものとし、学校を卒業した後も含めて将来設計し、生涯学習などを通してワーク・ライフ・バランスのとれたキャリア形成をしていく力です。平たく言えば、自分なりの「生き方」や「生きがい」を前向きに見つけようとする姿勢を身につけ、得られた目標に近づくための現実的な努力や工夫を惜しまない総合的な力と言えます。キャリアを通して生きる喜びや意欲を高められることを、職業体験や、さまざまな人の人生や考え方を知る機会を通して学ぶことが役立つでしょう。

第2部　児童生徒の成長を促す

14章　学校ごとのキャリア教育

　子どもの発達段階に応じたキャリア教育を進めるために、発達の時期や校種に分けてその内容を考えてみましょう。

1. 幼児期

　幼児期は、「遊び」を中心にした生活体験を通して、子どもが「自発的・主体的な活動」を楽しめるように促すことが大切です。不安や恐れのある子どもに対しても、保育者や他の子どもから認められ、自信が持てるように工夫や配慮をし、集団の中で人とかかわる力を育てることを目標にします。

2. 小学校

　小学校では、社会性、自主性、意欲・関心を養うことが、大きな目標になります。社会性とは、自分と他人をどちらも大切にしながら生きていく能力であり、最低限のルールやマナーを守る規範意識や、相手を思いやる共感性が含まれます。児童会や班活動をはじめ、普段の授業や特別活動での集団活動を通して、人間関係形成・社会形成能力を育むことができます。また、地域や家族の仕事調べをして、実際にどのような仕事があるのかを知るのも、自己理解・自己管理能力やキャリアプランニング能力の育成に有効です。

3. 中学校

　中学生は思春期に入り、自我を意識し始める時期で、自らの役割や生き方を考えさせることを、授業や行事を通して行うことが大切です。また、第二反抗期と言われるように、親との関係に距離が置かれ、友人関係の重みが増します。人間関係のあり方や個々の関係形成能力について、教師は子どもたちの様子や言動を注意深く

見守る必要があります。

　学習や部活動においては、目標を立て計画的に取り組むように指導し、その意義を生徒自身が実感できることが、課題対応能力の育成につながります。また、この時期の「職場体験活動」は各地でなされており、職場や地域・社会についての理解を深める貴重な経験になります。事前指導としては、体験学習の意義や仕事先の学習を行い、事後指導としては、達成感が得られるよう発表などの工夫が大切です。

4. 高校

(1)高校普通科・総合学科

　進路や目的意識が低い生徒もおり、基礎的・汎用的能力がどれくらい身についているか見立てながら、不足している能力の育成を目指す必要があります。卒業生や職業人との交流機会など、将来像を具体的に思い描ける機会は有効です。全日制・定時制・通信制があり、各々の特徴を生かしたいところです。

(2)高校専門科

　工業科、農業科などは職業教育を行う専門機関という位置づけであり、何よりも高度化への対応が課題です。基礎的・汎用的能力のさらなる育成は、現場で即戦力として求められることです。個々の専門性に応じた「課題研究」の授業で課題対応力や創造性の育成を高めることが必要となります。こちらも全日制・定時制・通信制があり多様化しています。

5. 特別支援学校

　特別支援学校では個々の障害に応じたきめ細かい支援がなされており、キャリア教育もその延長で考えられます。目標としては、子どもが抱える困難をしっかりと自己理解し、対処能力を身につけられるようにすることがあります。また、個々に応じた医療、福祉、保健、労働の関係機関との連携が大切です。21章や22章も参照してください。

Column 3

「自己肯定感」は学校教育で獲得できるものなのか？

*

　生徒指導提要では、旧版でも改訂版でも、児童生徒が「自己肯定感」を獲得するように働きかけることが大切であると示されています。もちろん私も、児童生徒には、「どうせ自分なんて……」などと思わず、できるものなら自分のことが嫌いではなく好きになってほしいと願っています。

　けれども、それじゃ「自分のことが好きか」と自問してみると、これまでの人生においても、また、もうすぐ古希を迎える齢となった今でも、簡単に“YES”という答えは自分の中からは出てこないような気がします。

　『人間なんて』(1971) は吉田拓郎の代表曲ですが、私の青春時代を象徴するこの歌は、「自分なんて」どころか「人間なんて」を延々と繰り返す曲です。そんな『人間なんて』を絶叫していた拓郎も、齢を重ねる中で、「多分自分を許し始めてる」「人を半分信じかけている」「多分人生愛し始めてる」(吉田拓郎『まァ取り敢えず』1996、作詞：阿木耀子) というような曲を歌うようになりました。自己批判・自己否定をくぐり抜けたからこそたどり着いた“多分”“半分”という心境に、リアリティが感じられます。

　自己肯定感・自己有用感……、大切であるには違いないですが、それは、学校教育の段階で獲得できるようなものではなく、人が一生かけて探し続けていくテーマとしてこそ意味があるのではないかと思います。そのことを忘れず、リアリティのない理想論を語る「胡散臭い教師」に陥らないように、『人間なんて』で拓郎が人間をどうしようもない存在だと自覚することを原点にしたことに倣って、時には人知れず「子どもなんて……」「先生なんて……」と口ずさみつつ、されど「児童生徒は多分……」「教師は半分……」と考えるのも悪くないなと思う今日この頃です。

(阿形恒秀)

第3部
児童生徒の個性に応じた支援

第3部　児童生徒の個性に応じた支援

15章 ｜ 自己の発達

　この章では、子どもの「自己」の発達について考えていきます。学校臨床は子ども
の自己の発達に、どのようにかかわっているのでしょうか。

1. 自己とは何か

　心には、構造としてある程度の「まとまり」があり、時間的にもある程度の「連続性」
があります。その上に「私」や「自分」という生きた感覚があり、さまざまな能力を用
いながら現実的に生活し、新しい事態に適応しています。こうした「私・自分」を心
理学では「自我」や「自己」と呼んでいます。ここでは「自分で自分自身をどう感じて
いるか」というニュアンスを含む「自己」という言葉を使います。

（1）自己を育む体験

　人は生まれたときから、積極的に世界にかかわろうとし、乳児なりの「自己」の存
在が想定されています。自己が発達するには、保護者という環境とのかかわり合い
が不可欠です。そうした関係の中で生き生きと自分を体験し、自らの心に生じたさ
まざまな欲求を、環境との間で調節しつつ肯定できれば、自己は分化し成長してい
けます。他方で、活力を体験できず、自分の欲求を否定したり無視したりするしか
ない場合、自己の成長にはマイナスの体験となります。

　こうしたプラス・マイナスは、誰もが両面を経験するものですが、あまりにマイナ
ス体験のダメージが大きければ、それは問題行動や症状につながります。つまり、
行き場を失った成長動機が、攻撃や回避などに姿を変えざるを得なくなり、自己の
発達は停滞してしまいます。

（2）自己育成的な他者・自己対象

　幼い頃は保護者との間で、子どもはプラス・マイナス両方の関係体験を経験しま
すが、学校に入るようになれば、教師やクラスメートとの間で、こうした関係体験が

60

生じます。

　自己が人間関係から発達することに注目した研究者に、コフート（Kohut, H.）という米国の精神分析家がいます（角田，2014）。コフートは、人の自己が成長するには、成長しようとする欲求（成長動機）が周囲の環境（重要な他者）に受け入れられる（共感される）ことが重要と考えました。こうした関係調節を担う自己育成的な他者を、コフートは「自己対象（selfobject）」という特別な用語をつくって重視しました。教師も自己対象として機能することが求められていると言えます（角田，2020）。

　例で考えてみましょう。生徒Aがある出来事についてつらかったと述べました。それを聞いた教師Bは、Aの気持ちがわかりにくかったのですが、何とか理解しようと、Aの思いを想像して述べました。このとき、教師BがAの自己対象になったかどうかは、Aにしかわかりません。教師Bがそのときに抱いた不確かさ以上に、Aはわかってもらえたと感じ、自信を持ち前向きな気持ちになっているかもしれません。また、反対に、全然わかってもらえなかったと落胆しているかもしれません。

　相手に受けとめてもらえないと、人は自分の感受性に自信が持てません。Aが教師Bの応答を聞いて「自分の感じ方がおかしいかもしれない」と自己疑惑になった場合、Aの自己にはマイナス体験となっています。しかし、ここで教師Bに、Aの成長を願いその思いをわかろうという気持ちがあるなら、もう少し詳しく話を聞こうとしたり、Aの様子から自分がうまく理解できなかったことに気づいたりするかもしれません。つまり、教師Bのあり方次第で、Aの自己体験は、今はマイナスかもしれませんが、今後プラスに変わる可能性が生まれます。このように柔軟でオープンな関係を持続することが、自己育成的な他者として機能するポイントになります。

（3）中核自己

　子どもたちが「やる気」や「意欲」を持てるようになるために、教師はどのようなことに気をつける必要があるでしょうか。コフートは、生きる原動力となる自己の要素を「中核自己」と呼びました。この中核自己の形成には、先に見た子どもの成長動機がどのように環境と出会い、適度に満たされる（調節される）かが重要です。コフートは、成長動機として、「鏡映欲求」「理想化欲求」「双子欲求」の3つを重視しました。

　「鏡映欲求」とは、周囲から自分を認められたい欲求で、それが受けとめられる経験によって自信が生まれ、「何かをしよう」という向上心や自発性の動機づけが育ち

ます。これは自分を下から押し上げる力になります。「理想化欲求」とは、理想的で力強い他者に守られたい欲求で、それがかなえられ安心する経験によって周囲への信頼感が生まれ、「理想や価値といった目標に近づこう」という動機づけが育ちます。これは自分を引き上げる力と言えるでしょう。また「双子欲求」とは、他者と同質の存在であると感じることや、人に囲まれて生きていると感じたい欲求で、やる気や意欲を発揮するための、「居場所感や所属感」を育みます。

　それらに加えて中核自己には「才能と技能」という要素が想定されています。才能は生まれつきの資質であり、技能は後から学習される側面です。これらを木のイメージで例示したのが図3です。人間関係の中で、こうした自己が活力を持ち、生き生きと自分を体験（自己対象体験）する機会を得ながら、創造的に生きていけることが健康なあり方と言えます。

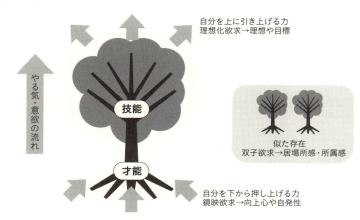

図3　中核自己のイメージ

2. 自己を育むかかわり合い

　子どもの自己を育む機会は、学校のさまざまな場面にあります。先ほど紹介した成長動機である鏡映欲求、理想化欲求、双子欲求から見てみましょう。

（1）鏡映欲求と自信

　日常的な場面として、授業で教師の発問に子どもたちが口々に反応することが挙げられます。その際に、正解でも間違いでも、教師が関心を持って応答することが、鏡映反応になり得ます。場合によっては教師がうなずくだけでも、子どもには承認された体験になるでしょう。しかし、そうした応答がなければ、子どもの自己は活力を失い、自信がなくなります。日記、作文、図工や美術作品あるいは身体表出等の自己表現に対しても、その都度、直接の言葉かけや間接的な反応を教師が返していくことが、子どもの自己形成には大切な心理的栄養になります。家庭や学校が鏡映的な応答性を持つ場であることで、子どもは自分の存在に誇らしさや喜びを体験でき、発達に応じた新たな技能を学習する意欲を高められます。

（2）理想化欲求と信頼・目標

　安心できる他者と共にあることで、過剰な興奮や不快な状態に陥った子どもの自己は落ち着くことができます。つまり、教師の共感的な姿勢とかかわりによって、安らぎや落ち着きへと調節される可能性が生まれます。また、教師の有能さがそのままモデルとなり、将来の目標となることもあります。中学や高校では、適応や将来について、誰かに相談したいと思う生徒が多くなります。いざとなれば「この先生に相談しよう」と思える生徒は、それまでに理想化体験を、教師との間で経験してきたと言えるでしょう。

（3）双子欲求と居場所感

　学校場面では、友人関係で双子体験を経験することがあります。「いじめ」問題の深刻さとは、いじめを受けた子どもの双子欲求が周囲から否定・無視され居場所がなくなり、「人の中にいる」という自己感が打ち砕かれてしまうことにあります。

　双子欲求は子どもと大人の間でも生じます。指導する側・される側という一方向的なかかわりでは、子どもと教師の間で共感は生まれにくいですが、子どもが示す欠点や人間的な弱さを、教師が自分自身の中にも見いだす、つまり、教師が子どもの行動を自分のあり方と関係づけて接することができるなら、双方向的なかかわり合いが生まれ、子どもと教師の間で、同じ人間同士という大切な感覚が生じます。

第3部　児童生徒の個性に応じた支援

16章 自尊感情・自己肯定感、自己有用感、自己効力感

　前章で見たように、子どもの「自己」は、家庭では保護者や家族と、学校では教師やクラスメートとの「かかわり合い」を通して発達していきます。ただし、それはいつもプラスの体験になるわけではなく、マイナスの体験になることもあります。

　学校教育で用いられる「自尊感情・自己肯定感」や「自己有用感」また「自己効力感」といった用語は、いずれも「自己」のありようを示しています。ここでは、基本となる自尊感情・自己肯定感を中心にしながら、自己有用感と自己効力感についても併せて見ていくことにします。

1. 自尊感情・自己肯定感と教師の「自然さ・本心のまま」

　「自尊感情 (self-esteem)」とは、自分が価値ある人間だと感じること、すなわち自分に対する肯定的な感覚や評価を指しています。これは、学校教育でよく用いられる「自己肯定感 (self-affirmation)」と同じ意味と言えます。人が生きていくうえで、これらは基本になる感覚であり、ほどよい高さで安定していることが望ましいと言えます。

　さまざまな問題行動の背景を考える際に、子どもの自己肯定感の低さが指摘されています。「褒める」ことは、シンプルに自己肯定感を高める働きかけです。ある子どもの「良さ」を見つけ伝えることは、前章で見た「鏡映欲求」に応答することになり、プラスの関係体験につながるでしょう。しかし、上辺だけの褒め言葉では、子どもの心になかなか響きません。褒めるにせよ叱るにせよ、「この先生は心からそう思って自分にかかわってくれている」と子どもが感じるような、教師の「自然さ・本心のまま (authenticity)」が何よりも大切です。これはロジャーズのカウンセリングで「自己一致」と言われるものと同じ意味です（38章参照）。

　自己肯定感の高さとは、前章で述べた「中核自己」に活力があることと表裏一体です（図3を参照）。つまり、「根（鏡映欲求）」と「枝（理想化欲求）」がバランスよく茂り、「幹」に当たる才能と技能を現実的に発揮できることが、自己肯定感を高めてくれます。自己肯定感のほどよい高さとは、生き生きと成長しようとする木のイメージに表され

64

16章　自尊感情・自己肯定感、自己有用感、自己効力感

るでしょう。

　反対に自己肯定感が低い場合を考えてみると、「根」が未発達な子どもは、自分を強く見せようとしたり、過度に注目を集めようとするかもしれません。「枝」が未発達な子どもは、用心深くて自分が出せなかったり、目標がなくて自分をもてあましているかもしれません。また、「幹」が未発達であれば、今の自分の能力について劣等感を抱くことになるでしょう。さらに、同じ仲間の存在や居場所が感じられないなら、孤独でポツンと生えた木になり、つながりを求めて無謀な行動をとるかもしれません。

　自尊感情や自己肯定感は、乳幼児期から始まる重要な他者との関係体験がベースになっており、学校だけで子どもの自己肯定感を容易に高められない場合もあります。しかし、だからといってあきらめる必要はありません。毎日の生活で生じるさまざまな出来事を、ある子どもがどのように体験しているのかに関心を持ち続けること、言い換えれば、教師が子どもに共感しようとする姿勢を持ちながら、かかわりを模索し続けることが、子どもへの心理的な栄養となり、「自己」という木を育てます。あきらめずに自分にかかわろうとする他者が居る (being) という体験が、子どもの自己肯定感を高めるための基盤になります。

2. 自己有用感と自己効力感

　「自己有用感 (self-usefulness)」とは、自分が他人の役に立っているという自己感です。自尊感情・自己肯定感に重なっていますが、より他者とのかかわりの中で実感されるもので、所属集団の「役割」と大きく関連します。家庭や学級で自分に応じた役割を得て、それを果たせることは、子どもの自己有用感を高める機会になります。

　「自己効力感 (self-efficacy)」とは、外界の状況に対して、自分が何らかの働きかけが「できる」という自己感です。これも自尊感情・自己肯定感に重なっていますが、「やれそう」というこれからの可能性の感覚であることが特徴です。したがって、キャリア教育でも注目されています。将来について一歩を踏み出すときに不安になるのは当然ですが、自己効力感が高いことが後押しする力になります。子どもたちが「自己決定」する機会を、学校生活のさまざまな場面で教師が工夫することは、子どもの自己効力感を高めることになります。

65

第3部　児童生徒の個性に応じた支援

17章　発達障害の理解

　「発達障害」とはどのような障害で、発達障害のある子どもたちはどのようなことに困っているのでしょうか。学校臨床力には、こうした「特別支援教育」に関する知識や経験が欠かせません。

　なお、特別支援教育については、21章で詳しく触れます。

1. 発達障害者支援法と３つのカテゴリー

　2005年（平成17年）に施行された発達障害者支援法によると、発達障害とは「自閉症やアスペルガー症候群その他の広汎性発達障害、学習障害、注意欠陥多動性障害、その他これに類する脳機能の障害であって、その症状が通常低年齢において発現するもの」とされています。「広汎性発達障害（Pervasive Developmental Disorder：PDD）」は、2013年よりアメリカ精神医学会の診断基準DSM-5で「自閉スペクトラム症（Autism Spectrum Disorder：ASD）」に変更されました。また、「学習障害（Learning Disabilities：LD）」は「限局性学習症（Specific Learning Disorders：SLD）」とも呼ばれています。

　文部科学省（2002）が行った全国調査によると、公立の小・中学校の担任教師は、自分の学級にいる児童生徒のうち6.3%の子どもたちが学習や行動に著しい困難を抱えていると回答しました。そのうち、対人関係の難しさやこだわりの強さなど生活上の困難がある自閉スペクトラム症の疑いがある子どもは0.8%、読む、書く、計算するなどの学習上の困難がある学習障害／限局性学習症の疑いがある子どもは4.5%、不注意、多動性、衝動性などの生活上の困難がある注意欠如多動症（Attention-Deficit/Hyperactivity Disorder：ADHD）の疑いがある子どもは2.5%という結果が示されました（図4）。なお、自閉症やADHDの「診断」は、医療機関で受ける必要があります。

　通常学級に在籍している子どもたちの中に、発達障害が疑われながら、これまで見過ごされてしまいやすい児童生徒がいたのは事実と言えます。発達障害は「病気」というよりも生まれつきの「個性」ととらえることが大切で、その子どもに応じた教育や支援を行おうというのが、特別支援教育の考え方です。

17章　発達障害の理解

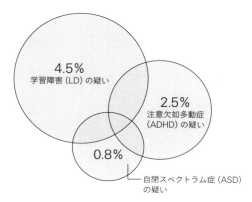

図4　通常学級で発達障害の疑いがある3分類の割合

　学級経営としては、個別支援と集団指導のバランスを考えることが大切になります。発達障害やその傾向のある子どもを特別視するのでなく、他の子どもよりも「つまずきやすい」子どもという見方で集団指導を工夫することがポイントになります。

2. 二次障害を防ぐために

　二次障害とは、発達障害のある子どもが、全般的には学習能力が低くないために、その特性を障害として気づかれない場合に生じます。つまり、周囲から誤解され、「やる気がない」「努力が足りない」と非難や叱責を受け、そのため自信や意欲を失い、本来できることも困難になってしまうことを指します。こうした周囲からの適切な理解がないことによる自己肯定感の低下は、15章や16章で見たように、発達障害の子どもに限った話ではありません。

　二次障害を防いだり、ケアしたりするには、周囲が理解しようとしていることを、子ども自身が実感できることが必要です。担任だけでなく、特別支援教育コーディネーターや他の教職員、そして家庭や関係機関と足並みをそろえながら、少しでも子どもの自己体験に「想像的に」近づき、その「困り感」を理解し、軽減する手立てが求められます。

第3部　児童生徒の個性に応じた支援

18章 ┊ 自閉スペクトラム症

　自閉症とは、3歳くらいまでにその特性が現れ、他人との社会的関係形成の困難さ、言葉の発達の遅れ、また興味や関心が狭く特定のものにこだわることが特徴です。生まれつき脳の機能が、定型発達の子どもとは異なる働き方をすることから生じると考えられています。

　前章でも述べたように、現在は軽度から重度までを含む「自閉スペクトラム症（Autism Spectrum Disorder：ASD）」という見方がされています。それまでに用いられていた「広汎性発達障害（Pervasive Developmental Disorder：PDD）」もほぼ同じ内容を表していましたが、2013年にアメリカで診断名が変更されました。

　自閉症は8割ほどが知的な障害を伴いますが、他方で知的な遅れを伴わない「高機能自閉症」や、さらに言葉の後れを伴わない「アスペルガー症候群」と呼ばれるタイプがあります。通常学級で出会うのは、こうしたタイプの子どもたちです。

1. 自閉スペクトラム症の特徴

　自閉症の特徴には、他者との情緒的な交流といった「社会的な関係の結びにくさ」があります。乳児期から視線の合いにくさや、泣いて訴えるといった他者の関心を引こうとする行動が見られず、定型発達の子どもに見られる愛着行動が乏しいのも特徴です。乳幼児期に保健所が行う健診で、自閉症がわかる場合もあります。

　アスペルガー症候群の場合を除き、自閉症には「言葉の遅れ」が多く見られます。言葉の使い方にも特徴があり、相手が言った通りに応答する「おうむ返し」や、「独り言」が見られることがあります。また、相手の言葉を理解する際に、言外の意味を推測せず「字義通り」に受けとめやすいと言えます。

　このように他者の気持ちや、場の雰囲気を読むことが苦手で、そのため対人トラブルが起こることも珍しくありません。かかわり合いとしては、言語・非言語を通したコミュニケーションが、自閉症の子どもと定型発達者との間でうまくかみ合わないことが多く、それが双方にとって深刻な困り感を生み出します。

18章　自閉スペクトラム症

　他の特徴としては「興味・活動の限定とこだわりの強さ」があります。車のタイヤなど回転するものに常に興味が向いたり、手をひらひらさせたり、つま先立ちで歩くなど、繰り返し同じ行動をとること（常同行動）があります。これらはその刺激が本人にとっては好ましいものであり、例えばストレスから生じた緊張や不安を鎮めようとするための行動と言えます。また、感覚過敏や鈍磨など、定型発達者と異なる独特の感覚を持っていることがあります。

2. 自閉スペクトラム症の子どもへのかかわり

　自閉スペクトラム症の子どもたちが、自己肯定感を高めながら社会適応をしていくために、パニックや自傷行為などの問題行動を減らして、場に合った好ましい行動をとれるように、行動療法を基本にした療育（治療教育）が行われています。これは幼児期など早期から行えることが望ましいと言えます。保健所や福祉・治療機関などで行われる療育と、学校の特別支援教育を連動させていくことはとても重要です。

（1）子どもの世界を想像すること

　次に学校場面で教師ができることを考えてみましょう。例えば、音楽の時間に大声を上げて、授業の妨げになってしまうＡ君がいます。周囲からはＡ君の行動が理解できず、教師は「周囲の子どもの迷惑になって困る」と思うかもしれません。しかし、実はＡ君は聴覚面で感覚過敏がありパニックになっています。もし自閉症に関する知識があれば、「周りの音がうるさくて耐えられない」とＡ君の体験を教師が想像できるかもしれません。教師が、Ａ君と他の子どもたちとのズレを学級で説明できるなら、子どもたち同士をつなぐ「橋渡し」が可能になります。

（2）視覚支援（見える化）

　自閉スペクトラム症の子どもは、新しい状況に対応するのが苦手で、予測が立たないことに強く不安を感じることがあります。他方で、視覚的に見て理解するのは得意という特性があり、次の時間に何をするのかを視覚化した掲示やカードを使うといった工夫をすることで、適応や取り組みをスムーズにできる場合があります。

69

第3部　児童生徒の個性に応じた支援

19章　学習障害（限局性学習症）

　学習障害（Learning Disabilities：LD）、もしくは限局性学習症（Specific Learning Disorders：SLD）とは、文部科学省（1999）によると、「全般的な知的発達に遅れはないが、聞く、話す、読む、書く、計算する、推論するなどの特定の能力の習得と使用に著しい困難を示す、様々な障害を指すもの」とされ、脳の認知過程（情報を、受けとめ、整理し、関係づけ、表出する）のどこかに機能不全があると考えられています。医学的には、読むことが苦手な読字障害は「ディスレクシア」、書くことが苦手な書字表出障害は「ディスグラフィア」、数字や計算が難しい算数障害は「ディスカリキュリア」と、大きく3つに分類されています。

1.　学習障害（限局性学習症）の特徴

　学習障害の具体的な特徴を表2に挙げます。

表2　LDの特徴

- 聞く：聞き間違う、聞きもらす、指示が理解しにくい
- 話す：文法を間違える、筋道立てて話しにくい、適切な早さで話せない（早口やたどたどしい話し方）
- 読む：文字や行を抜かす、音読が遅い、音読はできても内容が理解できない
- 書く：見たり聞いたりしながら書くのが難しい、読みにくい字を書く、句読点が抜ける
- 計算する：大小の判断が難しい、計算時間がかかる、暗算ができない、文章題が解けない
- 推論する：単位理解ができない、因果関係が理解しにくい、図形を描くのが難しい、早合点しやすい

2.　ディスレクシア（読字障害）

　ディスレクシア（dyslexia）は、読むことに関してつまずきが起こる障害で、学習障害（限局性学習症）の中で割合が高いと言われています。知的障害はなく、日常会話にも支障はありませんが、文字で書かれた文章を読むとなると、スムーズに読めません。また、文字を書く際に書き間違いが起こり、鏡文字になったりします。

　英語圏ではディスレクシアは人口の1割近くと言われていますが、日本語の場合

は、読み方がわからなくても漢字から意味が推測できるため、ディスレクシアは他の言語に比べて顕在化しにくいと言われています。

3. 学習障害（限局性学習症）のアセスメントと理解

　ある子どもが、何をどのように苦手かをつかむアセスメントは、学習障害（限局性学習症）の子どもを理解するうえで大切なことです。しかし、教師一人では十分な理解ができない場合もあります。学校臨床力とは、教師が自分の限界を冷静に認識し、特別支援教育コーディネーターをはじめ校内組織や外部の機関を「積極的に活用できる能力」であるとも言えます。アセスメントについては23章も参照してください。

　学習障害（限局性学習症）のアセスメントには、認知過程を細分化してとらえる発達検査が役立つことがあります。検査を子どもや保護者に勧めることは簡単ではありませんが、まず教師自身がどのような発達検査があり、それを受けることで何がわかるのかをある程度知っていることは必要でしょう。発達検査については22章を参照してください。

4. 学習障害（限局性学習症）の子どもへのかかわりと二次障害

　学習障害（限局性学習症）の子どもは、一生懸命学習しようとしていても、結果が伴わないために、「本人の努力が足りない」「不真面目である」と周囲から誤解されることがあります。このような状況に置かれた子どもは、やる気や意欲が失われ、自尊感情や自己肯定感が低下してしまいます。

　こうした二次障害を防ぐために、教師の意識を変えることも必要です。「頑張ればできる」「みんなできる」「いつかできる」といった教師の励ましが、ある子どもには効果的かもしれません。しかし、学習障害（限局性学習症）の子どもからすると、「いくら頑張ってもできない」「みんなはできるのに自分だけできない」「いつまでたってもできない」というマイナスの実感を、さらに強めるだけの言葉かけになることがあります。

　「この子なりに努力しながらもうまくいかずに困っている」と子どもの内面を読み取り、その子が置かれている状況を想像しながらかかわることが、子どもの自己を支え、二次障害を防いだり、軽減したりすることにつながります。

第3部　児童生徒の個性に応じた支援

20章 ADHD

ADHDとは、注意欠如多動症（Attention-Deficit/Hyperactivity Disorder）のことで、日本でもその英語の頭文字をとった「ADHD」が定着しています。7歳以前に現れ、年齢あるいは発達に不釣り合いな注意力や、多動性・衝動性を特徴とする行動の障害で、社会的な活動や学業に支障をきたすものとされ、自分で自分をうまく制御できない状態にあると言えます。

1. ADHDのタイプと特徴

（1）不注意型

注意力が持続しにくいのが特徴です。細かいことに注意が払えなかったり、他のことに注意が移りやすいために、教師の話を聞いていても途中で授業がわからなくなったり、忘れ物が多くなったりします。また、友だちとの約束を忘れることが重なると、人間関係にも影響が出てきます。多動性や衝動性が目立たず、大人しく見えるため、本人の困り感を周囲が気づきにくい場合もあります。

（2）多動性・衝動性型

多動性は、過活動で落ち着きがなく、授業中に立ち歩いたり、多弁であったりします。衝動性は、順番が待てなかったり、質問が終わらないうちに出し抜けに答えたり、ちょっとしたことでカッとなるなど、結果を考えずに行動してしまうことが目立ちます。そのため、他者とのトラブルが起こりやすくなります。

（3）混合型

「不注意」「多動性」「衝動性」のすべての特性が見られるタイプで、多くのADHDの子どもがこのタイプと言われています。

どのタイプにも当てはまりますが、ADHDの子どもは「困った子ども」と思われ、

20章　ADHD

家庭でも学校でも叱られたり非難されたりすることが多くなります。他の発達障害でも見てきたように、子ども本人だけでは改善が難しいうえに、周囲の理解が得られず、叱られたり責められたりが続くと、本人の自尊感情・自己肯定感が低下し、それが別の問題(二次障害)を引き起こすことになります。

2. ADHDへの治療とかかわり

(1) ADHDと医療

ADHDの診断や治療を受けるには、小児神経科や児童精神科といった医療機関を受診する必要があります。家庭と学校で行動特性の現れ方が違う場合は、ADHDではない可能性が高くなります。つまり、場面によって問題行動や症状が起こると考えられる場合は、愛着や人間関係に起因しているかもしれず、そういう観点から子ども理解をする必要があります。また、自閉スペクトラム症やLDが合併している場合は、診断がすぐにつかない場合があります。

ADHDには特有の脳の働きがあることがわかっており、それに対する薬(商品名でコンサータやストラテラ)が、一時的に多動性や衝動性を軽減させる効果があります。子どもによって効果は異なるので、他の治療法と組み合わせながら、子ども自身が前向きに物事に取り組めるよう、医者と相談しながら服薬を考えることが大切です。

(2) ADHDの子どもへのかかわり

総じてADHDの子どもは自己肯定感が低くなりやすいので、教師が子どもの長所を積極的に見つけるのは大切なことです。

また、最終的に子ども自身が、行動や感情をコントロールできることが目標ですから、不適切な行動を適切なものに変えていく「練習」が大切です。こうしたかかわりは、家庭と協力しながら教師が取り組める事柄です。18章でも触れたように、行動療法的な考え方を用いて、不適切な行動にはあまり関心を示さないようにし、好ましい行動は大いに褒めるなど、子どもが自己肯定感を高めながら社会適応につながる行動を学習できるように、時間をかけながら支援することが大切です。

第3部　児童生徒の個性に応じた支援

21章 特別支援教育とは

　特別支援教育とはどのような教育でしょうか。17〜20章の発達障害の理解と合わせて考えていきましょう。

1. 日本における特別支援教育の経緯

　日本の学校教育を振り返ってみると、明治以降、障害があるために通常学級の指導だけでその能力を十分に伸ばすことが難しい子どもたちについては、障害の種類や程度に応じて、「盲学校・聾学校・養護学校（2007年度から特別支援学校）」や、小学校・中学校の「特殊学級（2007年度から特別支援学級）」、あるいは「通級指導」においてきめ細かく特殊教育が行われていました。

　1960年代から北欧で始まった「ノーマライゼーション（normalization）」という考え方は、障害のある人もない人も、同じように社会の一員として社会に参画し、自立して生きていける社会にしようというもので、こうした背景のもとに、1994年にユネスコで「サラマンカ宣言」が出されました。後で述べる「インクルーシブ教育」の原則が表明され、障害のある子どもを含めたすべての人のための学校が提唱され、その中で障害を「個性」ととらえると同時に、特別な教育的ニーズを持つ子どもと位置づけ、「特別支援教育（special needs education）」の方向性が示されました。

　日本においても法律が改正され、2007年から、従来の特殊教育の考え方を超えて、正式にすべての学校、つまり通常学級においても、特別支援教育に取り組むことになりました。

2. 特別支援教育の理念

　文部科学省によると、特別支援教育の理念とは表3のようになります。

　文部科学省（2012b）が行った、自閉スペクトラム症、LD、ADHDといった学習や生活面で特別な教育的支援を必要とする児童生徒数についての調査結果によると、

表3　特別支援教育の理念（文部科学省, 2007）

　特別支援教育は、障害のある幼児児童生徒の自立や社会参加に向けた主体的な取組を支援するという視点に立ち、幼児児童生徒一人一人の教育的ニーズを把握し、その持てる力を高め、生活や学習上の困難を改善又は克服するため、適切な指導及び必要な支援を行うものである。

　また、特別支援教育は、これまでの特殊教育の対象の障害だけでなく、知的な遅れのない発達障害も含めて、特別な支援を必要とする幼児児童生徒が在籍する全ての学校において実施されるものである。

　さらに、特別支援教育は、障害のある幼児児童生徒への教育にとどまらず、障害の有無やその他の個々の違いを認識しつつ様々な人々が生き生きと活躍できる共生社会の形成の基礎となるものであり、我が国の現在及び将来の社会にとって重要な意味を持っている。

17章で紹介した2002年（平成14年）の調査結果とほぼ同様に、およそ6.5％の割合で通常学級にこうした子どもたちが在籍している可能性が示されました。

　このように、通常学級に特別支援教育を必要とする子どもたちがいると認識されるようになったことは、これまで見過ごされたり、誤解されたりしていた子どもの困り感を、改めて理解することになったと言えます。こうした姿勢は、「子どもに何が必要かを見立て、かかわる力」である学校臨床力の基本になります。

3. インクルーシブ教育

　「インクルーシブ教育（inclusive education）」とは、障害の有無や個人の違いや困難にかかわらず、多様なすべての子どもを包含できる教育システムをつくろうとするもので、「万人のための学校」を目指した考え方です。日本でも2006年に国連で採択された「障害者の権利に関する条約」に基づき、こうした方向性が示されています。

　文部科学省（2012a）によると、インクルーシブ教育の考え方では、障害のある子どもが一般的な教育制度から排除されることなく、その生活する地域で教育の機会が与えられ、個人に必要な「合理的配慮（教員・支援員等の確保、施設・設備の整備、個別の教育支援計画や個別の指導計画に対応した柔軟な教育課程の編成や教材の配慮など）」が提供されると述べられています。

第3部　児童生徒の個性に応じた支援

　また、障害のある子どもと定型発達の子どもが同じ場で共に学ぶことを目指しながら、同時に個別の教育的ニーズのある子どもに対しては、自立と社会参加を目標に、その時点で最も的確にニーズに応える指導を提供できる柔軟な仕組みを整備することが重要であるとされています。つまり、小・中学校における通常学級、通級指導、特別支援学級、特別支援学校といった現状に即した「多様な学びの場」を活用していこうということです。

　例えば、特別支援学校は、従来の視覚障害、聴覚障害、知的障害、肢体不自由、病弱（身体虚弱を含む）の子どもたちに対する「学校」としての役割に加えて、「地域のセンター機能」を果たすようになっています。一般からの相談を受けたり巡回相談を行ったり、小・中学校の教師や保護者を対象にした研修など、さまざまな取り組みを行っています。具体的には、各地域の特別支援学校やサポート（支援）センターを調べるとよいでしょう。実際例としては「京都府スーパーサポートセンター」のホームページを閲覧してみてください。

4. 授業のユニバーサルデザイン

　障害のある子どもの教育を充実させることは、クラスの子どもたち全員にとってわかりやすい授業になる可能性を持っています。「授業のユニバーサルデザイン」とは、すべての子どもにとってわかりやすく、役立つような授業づくりということを指しています。

　授業を準備する段階から、気になる子どものアセスメントと学級のアセスメントを並行して行います。ポイントはさまざまになるでしょうが、例えば、教具のしまい方をわかりやすくしたり、何を考えたらよいのかがわかりやすい発問をしたり、声のトーンや教師の立つ位置を子どもの立場から考えるなどです。また、教室環境の整備として、教室前面や掲示物をシンプルに整理したり、取り組みを誰からも見えるようにしたり（見える化）等があります。

　こうした工夫を、担任だけでなく、学年や教科担任、特別支援教育コーディネーター等のチームでアセスメントできれば、より質の高い授業になるでしょう。

5. 特別支援学級

特別支援学級とは、小・中学校に設置される学級で、障害があるため、通常学級では適切な教育を受けることが困難な子どものために少人数で編制され、障害の状態に応じた教育を実施します。対象となるのは、知的障害、肢体不自由、身体虚弱や病弱、弱視、難聴、言語障害、自閉症、情緒障害（場面緘黙を含む）です。

教育課程は、小・中学校の学習指導要領に沿って行われますが、子どもの実態に応じて、特別支援学校の学習指導要領を参考とし、特別の教育課程も編成できるようになっています。特別の教育課程としては、「自立活動（生活習慣の形成、人間関係の形成、コミュニケーション能力の向上など）」を取り入れたり、各教科の目標・内容を下の学年の教科の目標・内容に替えたり等があります。

6. 通級指導教室

通級指導教室とは、教科の指導は主に通常学級で行いつつ、個々の障害の状態に応じた特別の指導（自立活動や各教科の補充指導）を、特別な指導の場（通級指導教室）で行うものです。対象となるのは、小・中学校の通常の学級に在籍している、言語障害、自閉スペクトラム症、情緒障害（場面緘黙を含む）、弱視、難聴、学習障害、ADHD、肢体不自由、身体虚弱や病弱のある子どものうち、比較的軽度の障害がある子どもです。特別支援学校や特別支援学級に在籍している子どもは受けることができません。週に1～8単位時間程度で個別指導を行います。

すべての学校に設置されているわけではなく、校外の通級教室に通うこともあります。通級指導教室の教育が、家庭や普段の学校生活で生かされるためには、保護者への支援（教育相談）や在籍学級の担任との連携が重要になります。

第3部　児童生徒の個性に応じた支援

22章　特別支援教育体制

　特別支援教育は、担任一人が行うものではありません。学校臨床力の重要な側面として、チームや組織の力をいかに生かすかということがあり、それが見立ての的確さを高め、かかわりの有効性を向上させます。

1. 特別支援教育体制

（1）校内委員会の設置

　発達障害を含む障害のある子どもの実態把握や支援方策の検討等を行うため、「校内委員会」を設置することが求められています。参加するメンバーは、校長、教頭、特別支援教育コーディネーター、教務主任、生徒指導主事、通級指導教室担当教員、特別支援学級教員、養護教諭、担任、学年主任、その他スクールカウンセラーやスクールソーシャルワーカーなどの必要と思われる教職員です。

　ある子どもについてかかわりがある教職員が集まり、子ども理解とこれからの方針を検討する場はとても大切です。これは「ケース会議」の場として、共通理解を深めて連携を確かなものにし、教職員同士が支え合う場になる可能性を持っており、特別支援教育に限らず、生徒指導上の対応や教育相談に関する検討にも必要です。ケース会議の進め方については、42章を参照してください。

（2）特別支援教育コーディネーター

　「特別支援教育コーディネーター」は、子どもへの適切な支援のために、関係機関や関係者間の連絡や調整をしたり、協働して支援ができるようにするための役割として校長が指名します。幼・小・中・高校では校務分掌上の役割で、どの教師もその役割を担う可能性があります。

　具体的な職務としては、先に見た①連絡や調整のほか、②子どもや保護者の教育相談や、担任の相談を受け、③法令や教育課程・指導方法についての知識を共有したり、「個別の教育支援計画」や「個別の指導計画」の作成といったことにかかわります。

78

22章　特別支援教育体制

(3) 個別の教育支援計画

「長期的な視点」に立ち、障害のある子どもについて、乳幼児期から学校卒業後までの一貫した計画を、学校（主に特別支援教育コーディネーター）が中心となって作成します。作成に当たっては、福祉、医療、労働等の関係機関との連携が必要であり、保護者の参画や意見を聞くことも求められます。

計画には、①障害のある児童生徒の実態把握、②実態に即した指導目標の設定、③具体的な教育的支援内容の明確化、④評価といったプロセスが盛り込まれます。

特別支援学校では、こうした教育支援計画を作成しながら、常に教育を行っていますが、幼・小・中・高校では作成経験の少ない学校もあり、教育委員会や特別支援学校の地域支援センターのアドバイスを受けることも大切です。

(4) 個別の指導計画

「短期的な視点」に立った、現状の指導を行うためのきめ細かい計画です。子どもの教育的ニーズに対応して、指導目標や指導内容・方法を盛り込んだもので、例えば、単元や学期、学年ごとに作成され、それに基づいた指導が行われます。短期の目標・課題の設定と、その方針、実施、チェックという、その子どもに応じた計画の策定がなされます。

(5) アセスメントと発達検査（知能検査）

特別支援教育におけるアセスメントとは、表に現れる子どもの様子だけでなく、背景にある困難の要因を把握し、それに必要な支援を検討して、さらに支援の成果を調べるというプロセスが含まれています。

子どもの困難を明確にするために、「発達検査」を用いることがあります。これまでの生育史も参考にしながら、子どもの得手・不得手を把握することで、アセスメントに役立たせることができます。発達検査は、医療機関や相談機関などの専門機関で受けることが可能です。

WISC-Ⅴ、新版K式検査、K-ABCなど発達検査・知能検査には種類があります。各々の検査は、いくつかの下位検査からなっていることが多く、多面的に子どもの能力をとらえようとします。そして、知能指数（Intelligence Quotient：IQ）や発達指数（Developmental Quotient：DQ）といった指標によって発達の水準を示します。さまざ

第3部　児童生徒の個性に応じた支援

な機関で用いられることの多いWISC-Vを例にとると、①言語理解、②視空間、③流動性推理、④ワーキングメモリー、⑤処理速度という5つの指標があり、①は言葉の理解や言語的な推論能力を、②は非言語的推論と空間的な関係を把握する能力を、③は柔軟な思考や新しい問題の解決能力を、④は情報を一時的に保持して操作する能力を、⑤は単純な視覚情報課題を迅速に処理できるか、細部への注意力や集中力を表しています。

2. 特別支援教育体制の実際

次に、ある公立小学校の特別支援教育体制を具体的に見ることにします。この小学校では地域の通級指導教室も併設され、特別支援教育に先進的に取り組んでいる学校です。これまでの経験を踏まえて、先に見た校内委員会を、この学校では特別支援教育以外の取り組みにも開かれた「校内支援委員会」という独自の委員会として立ち上げ、学校の中心に据えているのが大きな特徴です。この小学校の支援についての組織を図5に示します。

「校内支援委員会」は、発達障害のある子どもへの指導や支援について、教職員と保護者の共通理解のもとに検討し、校内支援体制を整える機動的な「チーム」であり、同時に公式な「委員会」としても位置づけられています。具体的には、表4に示した3つの役割があります。

1節で見たように、一般的に校内委員会には、校内の主要なメンバーが入るように求められていますが、それが実際に機能するには、「各学校の実態に合った工夫」が必要です。この

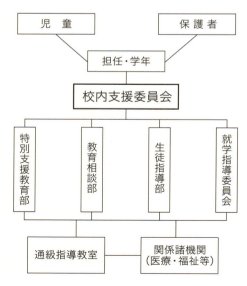

図5　ある公立小学校の組織図

22章　特別支援教育体制

表4　校内支援委員会の役割

① 特別な教育的支援を必要とする子どもに気づき、一人ひとりの実態把握と方針
　の検討・確認を行うこと
　・担任によるチェックリストやアセスメント票作成についての確認
　・各部のケース会議をもとに担任と各部が協力した「個別の指導計画」や「個別
　　の教育支援計画」の作成についての確認
　・発達検査や学外連携の検討
　・子どもへの配慮や支援方法といった方針の検討・確認
② 教師が行う支援・指導をサポートすること
　・担任等の支援
　・「伝達カード」を用いた全教職員への共通理解
　・校内研修の実施や校外研究会参加の報告
③ 関係機関や地域との連携を行うこと

　小学校の校内支援委員会の特徴は、図に縦書きで示した学校臨床にかかわる4つの
部・委員会を包括していることです。
　この委員会では、メンバーに「各部の主任」の教師が入ることで、チームとしての
機動性を高めることに成功しています。つまり、ここで検討する内容を「特別支援教
育部」のことに限定せず、スクールカウンセラーを含め保護者との相談を担う「教育
相談部」や、非社会・反社会的な問題行動に対応する「生徒指導部」、さらに特別支援
学級や特別支援学校などを含め適切な学びの場を検討する「就学指導委員会」という
ように、各セクションの内容を持ち寄りつつ連携し、一人の子どもにどのような支援
ができるかを、学校全体として検討しています。
　この委員会は月に1度開催され、各部の主任のほかに、管理職、教務主任、特別
支援教育コーディネーターが固定メンバーで参加し、そこに個々のケースに応じて、
担任、養護教諭、特別支援学級担任、学年主任、通級指導担当等が加わります。
　このように、子どもの指導・支援とともに、保護者への教育相談や生育歴をまとめ
た「あしあとガイド」の作成や、小中接続のための「連絡シート」の作成を保護者と協
力し、さらには担任やかかわる個々の教職員をバックアップするなど、学校全体で
総合的に支援に取り組む組織づくりがなされています。柔軟で機能的な学校臨床力
を、校内体制で実現している例と言えるでしょう。

Column 4

教師のペルソナ

*

　「ペルソナ (persona)」という言葉を聞いたことがあるでしょうか。もともとはラテン語で、演劇で登場人物が付ける「仮面」を表しています。人を指す英語の「パーソン (person)」や、人格や性格という意味の「パーソナリティ (personality)」も語源はこのペルソナです。

　38章と39章で紹介しているユング (Jung, C.G.) という深層心理学者は、人の無意識にはさまざまなイメージの「ひな型」のようなものがあり、それを「元型 (archetype)」と呼びました。ペルソナもその一つで、人が他人との関係の中でつくる「役割」にまつわるイメージを指しています。例えば「医者」なら、白衣をまとっていて、あまり感情的にならない冷静な雰囲気を持っている、といったイメージがわくかもしれません。

　ここではペルソナを、個々の職業の「らしさ」と考えてみます。これは外面だけのことではなく、中身も含めた「らしさ」です。教師を目指して、初めて教育実習に行き、教壇に立ったときのあなたは、どれくらい「教師らしく」できたでしょうか。いきなりそう言われても、うまくできなくて当然ですね。教師のペルソナを、これからつくっていくという時期です。

　単に子どもたちの前で緊張しないというだけではなく、教師として教壇に立って、子どもたちの前にいるということは、教師としての「あなたを見せる」ことになります。ステレオタイプな教師になってしまうと、マンネリ化してしまいますが、そうではなくて、あなたという個性を生かしつつ、何が子どもにとって大切であるか自分なりの信念を持ちつつ振る舞うことが教師らしさではないでしょうか。声の出し方や発問の仕方など、工夫するところはたくさんありますが、技巧に走るのではなく、あなたを子どもたちの前で演じて見せてください。ここで言う「演じる」とは、偽の姿を見せるということではなく、教壇という舞台で子どもたちに今必要と思う姿を表現することです。

　ただし、ペルソナは一つの役割でもあるので、取り外しができなくては困ります。24時間教師のままでは、自分が教師なのか、教師が自分なのか、わからなくなってしまいます。「オンとオフ」の切り替えを忘れないようにしたいものです。

（角田　豊）

第4部
児童生徒を取り巻く「問題」をとらえる

第4部　児童生徒を取り巻く「問題」をとらえる

23章 | 問題をアセスメントする

　子どもたちは、学校生活の中で、学校生活をめぐって、時にさまざまな困難な状況に直面することがあります。子どもたちが直面する困難な状況は、多くの場合、「問題」としてとらえられる形で姿を現します。逆に、子どもたちは困難な状況に直面しているけれど、それが「問題」としては現れてこなかったり、現れてはいるけれど「問題ではない」と受けとめられたりすることもあります。子どもたちが直面している（する恐れのある）困難な状況の改善や解決に取り組む学校臨床の営みは、まずはその困難な状況がどのようなものであるのかをしっかりととらえるところから始めなければなりませんし、そこからしか始めることができません。

1. 「問題」に気づく

　子どもたちが直面している困難な状況への取り組みは、まず誰かが、子どもたちに困難な状況が生じていること、子どもたちが困難な状況に陥っていることに気づくことから始まります。

　当事者である子ども自身が自分が困難な状況にあることを自覚していても、それを直接に教師を含めた周囲の大人に伝える、訴えるとは限りません。子どもは、誰にも言わず、言えずに一人で抱え込んで苦しんでいるかもしれないし、直接にではなく間接的に、自分が困っていることを行動で表現するかもしれません。

　また、子ども自身も自分が困難な状況に直面していることを自覚していない、自分が何に困っているのかを自分でもうまくつかめない場合も多くあります。このような場合には、本人はうまく訴えることができないので、周囲の人が本人の様子や行動の変化に気づくことから「問題」への気づきが始まります。

2. 「問題」の意味を探る

　「問題」が気づかれ、明らかになってきたら、次には、その「問題」が何を意味して

いるのか、つまり今生じている、目に見えてとらえることのできる事象の背景には、どのような事情があるのかを解きほぐすことに努めることになります。

　学校を休み始めた児童を例に考えてみましょう。この児童に生じている、見かけ上の事象は学校を休み始めたことですが、だからといって、それが「問題」の中心であるとは簡単には言えません。つまり、学校を欠席していることが問題の本質で、学校を休まなくなれば問題は解決したことになるとは単純には言えない場合があります。例えば、子どもが発熱している場合、熱があるという事象は表に現れた徴候、身体に何らかの問題が生じている可能性を示唆するサインです。発熱という事象だけに注目して、熱が下がれば問題が解決するという対処方針をとることは、そもそもの発熱の原因として、感染症やより深刻な身体的問題が存在する可能性を見落として、事態を深刻化させる結果を招く恐れがあります。

　つまり、「学校を休み始める」といった事象は、それ自体が問題の中心であるというよりは、子どもの周囲の人たちにはまだ見えていない、とらえられていない、その子どもが何らかの困難な状況に直面していることの徴候、サイン、あるいは子ども自身による訴えである可能性を考えなければならないのです。

3. 原因か、背景か

　事象として現れた「問題」をサインとしてとらえてみるということに、その原因を探求するということと同じではありません。先ほど例に挙げた、発熱の場合には、その原因を探ることが医学的対応の基本であり、探り当てられた原因と発熱の間には、はっきりとした因果関係が認められる場合が多いでしょう。しかし子どもたちに生じる広い意味での行動面の問題は、はっきりとした因果関係が認められる原因らしきものが見当たらないことも少なくありません。例えば、学校を休み始めたという事象の原因として、いじめが起きているのではないかと考えてみることは必要ですし、実際にいじめが起きていたことが明らかになるかもしれません。それでも、学校を欠席した原因はいじめであるというとらえ方が適切であるとは限りません。もちろん、いじめの問題が明らかになった場合には、その問題に取り組むことが不可欠です。しかし、学校を休むという行動にはしばしば複雑な理由や要因が関与しています。「学校を休む原因はいじめである」というとらえ方と、「学校を休む背景にはいじめが

第4部　児童生徒を取り巻く「問題」をとらえる

ある」「学校を休む主な理由の一つはいじめである」というとらえ方には、言葉遣いの表面上の印象以上に大きな違いがあることに注意してください。

　それでは、原因を探るという取り組み方のほかに、どのような取り組み方があるのでしょうか。まず考えてみたいのは、「問題」が生じることで、子ども本人やその家族、その子どもが所属している学級にどのような影響が起きているのか、「問題」が生じる前と後では、どのような変化が生じているのか、何が違うのかということです。なぜそのようなことに注目するかというと、子どもに生じる「問題」の多くは、子どもが困難な状況に直面していることのサインであるばかりでなく、その状況を脱しよう、その状況を改善しようとするその子どもなりの努力の結果、あるいは努力のプロセスとして生じているからです。

4. 子どもの努力の表れとしての「問題」

　私たち誰もがそうであるように、子どもたちはそれぞれに、自分が生きている生活環境の中で、気持ちが満たされることを願い、不快な思いをすることを避けたいと願っています。そして、その願いを実現するために、自分で頑張ったり、周りに働きかけたり、周りからの働きかけを回避したりしています。しかし、子どもたちは、まだ経験が不足しており、その選択する行動は適切なものであるとは限らず、むしろ自分をより困った状況に追いつめる結果になる場合もあります。

　一見したところ、不適切で問題を生んでいるように思える子どもの行動の背景には、多くの場合、子どもたちなりの、状況を何とか自分にとってより望ましいものにしたいという思いがあることに思いを馳せることが大切です。

　多くの子どもたちが共通して持っている願いは、保護者や身近な大人、そして友だちに対する、自分を大切にしてほしい、自分の思いを受けとめてほしい、自分に向き合ってほしいという願いでしょう。こうした願いがある程度満たされているときには、子どもたちは安心感を持って、落ち着いて生活を送ることができるでしょう。逆に、それがかなわないときには、子どもたちはそれを周囲から引き出そうと努めることになります。その結果が、周囲から褒められる、認められる行動になることもあれば、とがめられる、叱られる行動になることもあるのです。

　一方、子どもたちが避けたいと願うのは、傷つけられること、拒否されること、否

定されること、無視されることです。子どもたちは、そうした場面に遭遇すると、怒りや悲しみ、あるいは恐怖を感じ、そうした気持ちを、時には少し時間が経った後で、その子どもなりのやり方で言葉や行動で表現するでしょう。また、そうした場面に実際に遭遇しなくても、そういうことが起きるのではないかと予測される場合には、そのような場面が実現しないようにと必死に努めることになりがちで、それが「問題」として現れてくることがあります。

5. 子どもの成長の過程としての「問題」

　子どもは、急激な成長の過程のまっただ中にいます。そうした子どもたちに生じる問題には、成長の過程で生じている事象としてとらえる視点も必要です。

　学校は、1年を単位に、1年ごとに次の学年に進むという仕組みで動いています。一つの「学年」には、4月生まれから3月生まれまでの約1歳分の年齢幅の子どもたちが所属し、学級の中で共に学校生活を送っています。単純に暦年齢で考えてみても、年少であればあるほど、4月生まれの子どもと3月生まれの子どもとでは、心身の成長の度合いに開きがあり、同じ課題に挑戦する場合、たとえ同学年であっても、4月生まれの子どもにはそれほど難しくはないことでも、3月生まれの子どもにはかなり難しい課題である場合があり得ます。

　実際には、子どもたち一人ひとりの心身の成長の速度と度合いは、暦年齢とは関係なく個人差があります。比較的早熟で次第に成長のスピードが落ち着いてくる子どももいれば、晩熟型で周囲よりゆっくりに見えた成長が後から急速に追いついてくる子どももいます。学校は、学習にしても特別活動にしても、集団で同じ課題に取り組む場であり、一人ひとりの子どもの成長にぴったりと合った課題が個別に提示される場ではありません。ある課題に取り組まなければならないタイミングが、その子どもの成長の度合いに比べて早すぎる場合には、どうしても困難が生じがちです。しかし、このような課題と成長のタイミングのミスマッチから生じている問題であれば、たいていの場合、子どもの成長のスピードが追いつけば、あるいは課題の難易度を少し下げることで、問題は解消していきます。このように、子どもに生じている問題を、成長という時間のプロセスの文脈からとらえる視点は重要です。

　また、子どもの成長には、課題とのミスマッチから生じる問題のほかに、子ども

第4部　児童生徒を取り巻く「問題」をとらえる

の成長そのものに固有の問題もあります。それは、とりわけ思春期の入り口に顕著な形で現れます。具体的には、子どもの「反抗的」に見える行動、秘密や嘘をめぐる問題です。

　5章でも見たように、思春期は子どもが大人からの心理的な自立を図り始める時期です。したがって、子どもは自分の意思を主張し、大人の意見や指示には容易には従わないという場面が生じがちになります。それまで大人に対して素直でよく甘えてきていた子どもたちであっても、やはり思春期に入ってくると、その程度には個人差がありますが、大人との関係はぎこちなくなるものです。大人に対して秘密を持つことや、嘘をつくことも、大人との間に一定の心理的な距離を確保するためには必要不可欠である場合が多いのです。教師や保護者から見て、「問題」に見える言動も、成長の過程の中でほぼ必然的に生じてくるものがあることを認識しておく必要があります。そうした行動は、叱責されるべきものであるよりは、子どもたち自身が違和感や後ろめたさを感じつつも、それを自分自身の心の動きとして受けとめていくことを、周囲から見守られるべきものです。

6. 子どもを取り巻く環境から「問題」をとらえる視点

　これまで主に子ども本人に焦点を当てて問題をとらえる見方を見てきましたが、「問題」が生じているのは子ども本人ではあっても、「子ども本人の問題」とは見なし難い場合もあります。そのような場合には、子どもを取り巻く環境に注目するほうが、問題の本質のありかに接近しやすく思えることが多くあります。ここでは、代表例として、家庭環境と学校環境を取り上げます。

　家庭環境のあり方が子どもの日常生活の質に及ぼす影響の大きさは言うまでもありません（7章を参照）。両親の間、親と祖父母の間といった家族メンバー間の不和や緊張、家族の病気や事故、主たる家計の担い手の失業などといった家庭内に生じる諸問題は、直接的に家族全員に心身のストレスを与えます。それとともに、そうした問題への対応に保護者が没頭せざるを得なくなると、子どもたちへの世話に時間とエネルギーを割けなくなるという二次的な影響が生じます。こうした家庭内の問題が背景要因として大きい場合、家庭の状況の変化が子どもの様子の変化を大きく左右することがあります。

学校環境のあり方も、見落としてはならない要因の一つです。学校全体が落ち着いていて静穏な環境で授業が行われているか、荒れや落ち着きのなさが顕著であるかによって、子どもの安心感、安全感は大きく左右されます。ある程度の敏感さや不安定さを抱えた子どもであっても、比較的平穏な学校環境であれば大過なく過ごせることが多いですが、学校環境次第では、登校が難しくなることもあります。中学校区内に、大規模小学校と小規模小学校など、地域性や学校の雰囲気が大きく異なる小学校区があるような場合、子どもたち同士が互いになじめなさを強く感じ続けることもあります。

このように、子どもを取り巻く環境に注目したほうが、子ども個人に生じている問題の背景を、すっきりと見通せる場合も多くあります。

7. 「問題」への対応を考える

これまで見てきたように、問題に気づき、その背景と成り立ちについて仮説を立て、見通しを持つことが問題への取り組みの第一歩です。状況を整理し、情報を共有し、問題を理解する仮説を立てるには、複数の教師の視点と協力が必要です。また、どのような仮説が考えられるのか、欠けている情報は何か、さらに必要なアセスメントとその方法は何か、といったことについては、スクールカウンセラーなどの専門家にも意見を求めることが有益です。

こうしたアセスメントに基づいて、具体的に何を目標に、誰がどのようなやり方で、どのように役割を分担して、どのような見通しを持って問題にかかわるのかを複数の教師で話し合い、対応を実行していくことになります。そうした対応の実際については、第5部を参照してください。

〈問題の具体例〉

第4部　児童生徒を取り巻く「問題」をとらえる

24章　インターネット問題

1. インターネットの光と影

　内閣府による「令和3年度　青少年のインターネット利用環境実態調査」によると、スマートフォン、ゲーム機、PC、タブレット等によるインターネット利用率は、小学生（10歳以上）96.0%、中学生98.2%、高校生99.2%となっています。このように児童生徒にも広く普及しているインターネットの光と影を、ネットショッピングを例に考えてみましょう。

　ネットショッピングには「実店舗に出向かなくても、画面からさまざまな情報が得られる」「店員とのやり取りや代金の支払いの手間がなく、クリック、タップだけで簡単に購入できる」などのメリットがあります。しかし、それゆえに、「画面上での情報なので、思っていた実物とのズレが生じる」「手間がかからないので、熟考しなかったり買い過ぎたりする」などのデメリットもあります。このような、「認識の食い違い」「安易な判断」などの問題は、ネットショッピングだけではなく、ネット全般においてもあてはまる問題だと考えられます。

2. インターネット問題とは

　インターネットの利用に関係した問題・トラブルの中で、学校に対応が求められるのは、以下の指導・支援です（文部科学省, 2022）。

① 法的な対応が必要な指導：「違法投稿（著作権法違反、薬物等）」「ネット上の危険な出会い」「ネット詐欺」「児童買春・児童ポルノ禁止法違反（自画撮り被害等）」
② 学校における指導等：「誹謗中傷、炎上等悪質な投稿」「ネットいじめ」
③ 家庭への支援：「ネットの長時間利用」「家庭でのルールづくり」「児童生徒の孤立状況の把握・サポート」

この章では、主に、「ネットの長時間利用（ネット依存）」について述べ、「ネットいじめ」については次章で述べます。

3. ネット依存

ネット依存とは、コンテンツの視聴や無料通話アプリ、オンラインゲームの使用等によって長時間にわたってネットワークから離脱できず、日常生活、学習、通学等に支障が生じる状態になることです。

学校には、児童生徒がネットの利用について自身で判断して行動できる力と態度を養うために、情報モラル教育に取り組むことが求められます。また、学校が家庭を支援して、ゲーム等を行う時間・場所や課金等についてのルールをつくる取り組みも提唱されています。

ところで、アルコール依存やギャンブル依存を思い浮かべるとわかりやすいですが、そもそも「依存症」は「禁止・制限」の対応だけで解決できるものではありません。その治療には、薬物療法や精神療法、周囲の人の支え等が必要となる場合もあります。心理面でのサポートが必要である理由は、依存の背景に目標の喪失やストレスが存在していることがあるからです。ですから、児童生徒のネット依存に対しても、教師は、「禁止・制限」の発想だけではなく、依存の背景の理解に努め、児童生徒が学校生活や学習の意味を再認識できるようにかかわっていくことが重要です。

スマートフォンやネットについての知識やスキルは、大人よりも子どものほうが上かもしれませんが、だからと言って先生たちが気後れする必要などまったくありません。たとえお酒の種類や競走馬の名前を知らなくても、飲酒や競馬への依存という問題の本質については、人は何らかの語るべき言葉を持っているはずです。ネット依存についても同じだと思います。子どもたちよりも長い人生経験に裏打ちされた大人としての知恵を、教師はもっと子どもたちに伝えていくべきだと思います。インターネットに関する最新情報を知っておくのもある程度は必要ですが、本質は、「コミュニケーションとは何か」「他者と共に生きるとはどういうことか」というテーマであり、それは教育課題の核でもあるはずです。

第4部　児童生徒を取り巻く「問題」をとらえる

25章 いじめ

1. いじめ防止対策の推進

　いじめは被害者の人間性と尊厳を踏みにじる重大な「人権侵害行為」であり、社会総がかりで防止に取り組む必要があることから、2011年にいじめ防止対策推進法（以下、いじめ防止法と略記）が制定されました。

　いじめ防止法では、いじめの防止等のための対策を総合的かつ効果的に推進するための基本的な方針として、国は「いじめ防止基本方針」を、地方公共団体は「地方いじめ防止基本方針」を、各学校は「学校いじめ防止基本方針」を定めるもの（地方公共団体は「定めるよう努めるもの」）としました。これを受けて、国は、「いじめの防止等のための基本的な方針」（以下、国基本方針と略記）を2013年に策定（2017年に改定）し、その後、各都道府県市町村は「地方いじめ防止基本方針」を、各学校は「学校いじめ防止基本方針」を定めました。

　また、いじめ防止法では、いじめの防止等の措置を実効的に行うため、各学校に、複数の教職員、心理、福祉等に関する専門的な知識を有する者等により構成される「いじめの防止等の対策のための組織」を置くことが義務づけられました。その結果、現在では、各学校にいじめ防止基本方針が定められ、いじめ対策組織が設けられています。

　さらに、いじめ防止法では、いじめにより生命、心身及び財産に重大な被害が生じた疑いがある「生命・心身・財産重大事態」と、いじめにより相当の期間（国基本方針では年間30日を目安とするとされています）学校を欠席することを余儀なくされている疑いがある「不登校重大事態」という2種類の重大事態が示され、これらの事態には公平性・中立性を確保して調査や対処に当たるとされ、2017年には、「いじめの重大実態の調査に関するガイドライン」が定められました。

　学校におけるいじめ問題への対応は、これらの関係法令を正しく理解し、その趣旨を踏まえて行うことが求められます。

2. いじめの "対策論" と "教育論"

　いじめ防止対策の推進によって、世論はいじめ問題に注目するようになり、教師はいじめを軽視せずに対応するようになり、児童生徒はいじめによる苦痛を訴えてもよいのだと考えるようになり、保護者は子どものいじめ被害に注意を払うようになるなど、いじめ問題についての認識が広まり、「いじめ問題に社会総がかりで取り組む」という風潮が高まりました。そのことは大きな成果だと言えるでしょう。

　しかしながら、一方で、いじめ防止対策の推進によって、いじめに対する人々の不安が拡大し、「あってはならない」という構えが強化され、児童生徒に対する教師の管理のあり方に問題が矮小化される弊害が生じているように思えます。

　もちろん「あっても仕方がないわけではない」のですが、現実性重視という臨床の観点からすると、「あってはならないなどと言っても仕方がない」と筆者(阿形)は思っています。なぜなら、児童生徒は、理想の世界ではなく、「弱くて強く、冷たくて温かい仲間と共に学校生活を送る中で、不安と希望の間で揺れながら、人間関係の意味を考えていく」という現実の世界を生きているからです(阿形, 2018)。

　「あってはならない」ではなく「あったことにいかにかかわるか」が臨床の考え方です。「あってはならない」は、"対策論" への偏りを生み、"教育論" を後退させる危険性があります。2013年に筆者がロンドン市内の学校を視察した際に、教室内に監視カメラが設置されていることに驚きました。イギリスでも当時、いじめ(bullying)が社会問題になり、その抑止のために設置しているとのことでした。困難な状況にある学校では、そのような措置も必要であるのかもしれません。けれども、それだけでは、監視カメラがないと他者をからかったり虐げたりするような学級集団の問題は棚上げになったままです。

　監視カメラに象徴されるのは、「監視・抑止・禁止」の "対策論" の考え方です。しかし、教師は、「成長支援・集団育成」の "教育論" の考え方に立っていじめに対応する必要もあります。現代社会の核抑止論に基づく核兵器開発競争が真の意味での平和につながらないように、"対策論" だけでは真の意味の共生にはつながりません。ですから、私たちは、「あってはならない」で思考停止するのではなく、「いじめられると、どうしてつらいの?」「ひとはどうして誰かをいじめるの?」「誰かを嫌いになるのもいじめなの?」「他者と共に生きるってどういうことなの?」などの問題を児童生

第4部　児童生徒を取り巻く「問題」をとらえる

徒と共に考えていくことが大切なのです。

3. いじめ被害の心理

「いじめられると、どうしてつらいの？」という問いは、そんなこと考えるまでもないことだと思われるかもしれません。しかし、場合によれば自殺にまで追いつめられるいじめ被害者の苦悩を理解するためには、「いじめ被害の心理」について、自明のことだとやり過ごすのではなく、改めて考えてみる必要があります。

依存と自立は反対語のように思われますが、「依存と自立を繰り返すことによって、人間は円環的・螺旋的に成長していく」（山下，1999）とも言えます。

筆者は、この「依存と自立のサイクル」について小学校で話したことがありますが、わかりやすいように、「人は "だれかとあんしん" と "ひとりでがんばる" を繰り返して生きていく」と説明しました。"だれかとあんしん"の「だれか」については、「幼児期・児童期」「思春期・青年期」「壮年期・老年期」に分けて話しました。幼児期・児童期の「だれか」の中心は「お母さん（的存在）」です。お母さん的存在というのは、子どもを守り育てる周囲の大人全体という意味です。また、壮年期・老年期の「だれか」の中心は「神さま」です。神さまというのは、特定の宗教や宗派の神ではなく、思想や自然なども含めて、自分の拠り所でありやすらぎにつながる「神さま的な対象」という意味です。

これに対し、思春期・青年期の「だれか」の中心は「なかま」だと考えられます。小学校高学年の仲間関係は、外面的な同一行動による一体感を特徴とする「ギャング・グループ（gang-group）」と呼ばれ、中学生の仲間関係は、内面的な類似性による一体感を特徴とする「チャム・グループ（chum-group）」と呼ばれ、高校生の仲間関係は、違いを認め合いながら共存できる「ピア・グループ（peer-group）」と呼ばれます（山下，1999）。そして、これらの同世代の仲間関係を経験することは、人が大人になっていくプロセスにおいて、極めて重要な意味を持っています。

このような考え方に立つと、若い時代に仲間から無視・忌避・攻撃されることは、幼い子どもが親からはぐれること、老いた人が宗教的な救いを展望できないことと同じで、いずれも依存できる安心基地としての「だれか」が見いだせない状態であり、深い不安・恐怖・孤独・絶望に苛まれることが想像できるのではないでしょうか。で

96

25章　いじめ

すから、教師は、児童生徒間のいじめを単なる人間関係のトラブルとして軽く扱うのではなく、「いじめ被害の心理」を踏まえて被害児童生徒の苦悩を理解しサポートすることが必要なのです。

4. いじめ加害の心理

　「ひとはどうして誰かをいじめるの?」という問いは、さまざまな観点から考えることができるでしょう。ここでは、思春期・青年期の課題と関連させて考えてみたいと思います。

　すでに大人になってしまった者は忘れがちですが、思春期危機という言葉があるように、子どもと大人の中間地点である思春期・青年期は、さまざまな困難に直面し苦悩しつつ、大人になるための課題に取り組んでいく時代です。筆者は、思春期・青年期の課題は「わたしの物語」と「みんなの物語」という連立方程式を解いていくことだと考えています。「わたしの物語」とは、個性・アイデンティティ・プライド等の言葉に象徴される「自分らしさの確立」です。「みんなの物語」とは、恋愛・友情・信頼関係等の言葉に象徴される「同世代の仲間作り」です。

　この2つの課題は、どちらも、簡単に達成できるものではありません。そこで、手っ取り早くこの課題を達成する方法として、いじめが行われることがあります。

　「わたしの物語」の構築に悩む者は、誰かをターゲットにして「変わっている」「ダサい」「ばい菌」と攻撃し、それに比べると自分は「まとも」「イケてる」「健全」と思いたいという衝動からいじめを行うことがあります。あるいは、自分の「優位性」を脅かす存在を攻撃することで、自分のプライドを守ろうとすることもあります(だから「勉強ができる」「かわいい」ということであってもいじめる理由になります)。

　「みんなの物語」の構築に悩む者は、誰かと一緒になっていじめを行い、自分たちは同じ仲間だと思いたいという衝動からいじめを行うことがあります。これは、何らかの不満やストレスを抱えている集団が他の人間や集団を標的にして攻撃することで自分たちの正当性・凝集性を維持しようとする「スケープゴート」の現象です(だからいじめはしばしば集団で行われます)。

　しかし、誰かをいじめることによる自尊心や一体感が本当の意味での心の拠り所になるはずがありません。ですから、教師は、加害児童生徒に対して、まずは「いじ

第4部　児童生徒を取り巻く「問題」をとらえる

めは絶対に認められない」という姿勢を示したうえで、いじめ加害の背景に勉強や人間関係等のストレスがかかわっていることを踏まえ、成長支援の観点から加害児童生徒が抱える問題の解決に向けて指導に当たる（文部科学省，2017a）ことが求められるのです。

5. いじめ傍観の心理

　「いじめを見て見ぬふりをする者も加害者である」と言われることがあります。確かに、いじめ行為を行う加害者だけでなく、はやし立てる観衆、見て見ぬふりをする傍観者も、被害者を孤立させ追い詰めていくという点は同じでしょう。

　しかし、傍観者や中立者はあくまで傍観者や中立者であって、決して加害者ではない（森口，2007）とも言えます。先に、加害は認められるものではないけれども加害の心理を理解した対応が重要だと述べましたが、傍観も認められるものではないけれども傍観の心理を理解した対応が重要です。

　傍観者がいじめを制止しようとしない（できない）理由には、「次のターゲットになりたくない」「自分もまきこまれるとめんどう」、あるいは先生に訴えると「チクったといわれる」「仕返しが怖くて言えない」などが考えられます（高橋・小沼，2018）。つまり、傍観者は、「いじめはよくない」「被害者がかわいそう」と思ってはいても、制止や仲裁ができない葛藤・不安を抱いていることが少なくありません。そして、関与を避けることに自責の念を感じつつも自分を守ることに汲々とし、怯え、傷ついているとも言えます。そんな児童生徒に、「傍観も加害と同じだ」などの指導が響くわけがありません。

　「世の中には差別がある」というのは正しい認識です。そして、「私は差別されたくない」というのは正当な願いです。だから教師は、差別の実態と被差別のつらさを児童生徒に学ばせることによって、「差別をなくそう」という方向に導きたいと考えます。けれども、「世の中には差別がある＋私は差別されたくない」の化学反応は、「だから差別の問題にかかわりたくない」という発想につながる場合もあります。同様に、「世の中にはいじめがある＋私はいじめられたくない」の化学反応が、「だからいじめの問題にかかわりたくない」という発想につながる場合もあります。そうではなくて、教師が願っている方向での化学反応が起きるためには、「触媒」が必要であるように

25章　いじめ

思います。その触媒とは、「疑心・不安・対立」ではなく「信頼・安心・共生」を軸とした集団づくりを目指す教師の姿勢ではないでしょうか。

6. ネットいじめの特徴

　近年、補導センター等の補導件数は全国的に急減し、かつての「不良」「ヤンキー」もずいぶん少なくなったと言われます。それには、問題行動の場が現実世界から仮想世界（ネット空間）に移ったことが関係しているのではないかと筆者は考えています。若者の多くは、ネット上の本来のアカウント以外に「裏アカ」「別アカ」を持ち、目的に応じて使い分けています。そして、中には、匿名のアカウントで、他者に対する激しい誹謗や中傷を書き込む者もいます。だから、現実世界で「毒を吐く」必要性がなくなったのかもしれません。

　同様に、いじめも、現実世界だけではなく仮想世界も主要な場となっています。だからこそ、いじめ防止法第2条「いじめの定義」で、いじめ行為については「インターネットを通じて行われるものを含む」と明記されているわけです。

　ネット上のいじめは、「不特定多数による加害」「匿名性」「個人情報の加工・悪用の容易さと回収の難しさ」「実態把握の難しさ」という、現実の場でのいじめとは異なる特徴を持っています（阿形，2018）。

　「不特定多数による加害」「匿名性」という特徴から、加害者が明らかにならない場合があり、被害者は「誰を信じていいかわからない」と疑心暗鬼に陥り、絶望的な気分になることがあります。また、「なりすまし」によるネットいじめは、被害者に「信頼していたのに裏切られた」という大きな衝撃を与えます。

　さらに、「個人情報の加工・悪用の容易さ」という特徴から、ネットいじめは、安易な気持ちで行ったり、歯止めがかからなくなったりする危険性があります。そして、ネット上でひとたび拡散してしまった情報の「回収の難しさ」という特徴から、加害者が「しまった」と思っても、事態を収拾できない場合もあります。

　「実態把握の難しさ」も、ネットいじめに対応する際の大きなネックになります。以前の固定電話（家庭・職場・公衆電話）では、そばに家族・同僚・公衆がいましたが、携帯の普及により、電話は「私とあなた」だけのコミュニケーションツールになりました。ですから、大人（教師や保護者）が子どもの仮想世界での様子を把握することは容

99

第4部　児童生徒を取り巻く「問題」をとらえる

易ではありません。また、「他者を意識する必要がない」ツールの普及は、公共性や共同性よりも私生活に重きを置く私事化の傾向に拍車をかけ、自制心・緊張感・責任感を欠いた勝手気ままなコミュニケーションを増幅し、しかもそこに大人が介入しにくい状況を生んだとも言えます。

　教師は、以上のようなネットいじめの特徴を認識したうえで、現実世界における人と人との「関係性」を重視するという臨床の観点から指導のあり方を考える必要があります。2009年に『サマーウォーズ』というアニメ映画が公開されました。サイバーテロに立ち向かう人びとの物語ですが、キャッチコピーは、「つながりこそが、ボクらの武器。」でした。

7. 応報的正義と関係修復的正義

　司法の考え方には、応報的正義と関係修復的正義という2つの流れがあります。応報的正義とは、罪を犯した者に国家が刑罰を科すことで悪事の抑止を図る因果応報（悪い行いをすれば悪い報いがある）的な考え方です。このような司法アプローチは、仇討ちのように個々人が自分で恨みを晴らす復讐司法を否定した点で大きな意味がありました。しかし一方で、応報的正義は司法と癒しを別の問題だと見なすため、懲罰的で抗争的になりがちで、傷を癒すどころか被害者と加害者双方の傷口を広げることがあるという弱点も抱えています（Zehr, 1995）。

　これに対し、関係修復的正義とは、被害者の救済を図るとともに、加害者を処罰等で排除するのではなく社会的に包摂することで自立させ、加害者の真の再生を図り、コミュニティの関係修復を目指す考え方です。

　先に、いじめが社会問題化した結果、「あってはならない」という社会的圧力が強まり、学校のいじめ対応が「監視・抑止・禁止」の"対策論"に偏る傾向が生まれたと指摘しましたが、別の表現をすると、いじめ問題が主に応報的正義の文脈で議論され、関係修復的正義の観点を欠く危険性があると言えるかもしれません。

　しかしながら、生徒指導提要（改訂版）には、「いじめられている児童生徒の理解と傷ついた心のケア」と「被害者のニーズの確認」を行ったうえで、対応の第三歩として、いじめの加害者への指導を行い、加害者と被害者との関係修復を図り、加害者が罪障感を抱き、被害者との関係修復に向けて自分ができることを考えるようにな

25章　いじめ

ることを目指して働きかけることが重要であると示されています。また、国基本方針にも、「児童生徒が真にいじめの問題を乗り越えた状態とは、加害児童生徒による被害児童生徒に対する謝罪だけではなく、被害児童生徒の回復、加害児童生徒が抱えるストレス等の問題の除去、被害児童生徒と加害児童生徒をはじめとする他の児童生徒との関係の修復を経て、双方の当事者や周りの者全員を含む集団が、好ましい集団活動を取り戻し、新たな活動に踏み出すことをもって達成されるものである」と、関係修復に向けた働きかけの必要性が示されています。

　「加害児童生徒が抱える問題の除去」は、関係修復的正義の「加害者の真の再生」という考え方に通じています。児童生徒の問題行動に対しては、校長及び教員は、教育上必要があると認めるときに懲戒を加えることができます（学校教育法第11条）が、教育上の必要性とは、児童生徒の自己教育力や規範意識の育成等の教育目的の達成のために必要であるという意味です。ですから、そもそも学校教育における懲戒は、単なる制裁ではなく、児童生徒の成長支援の観点から行われるべきものであり、いじめ加害に対する指導においても、教師はそのような姿勢を失ってはなりません。

　また、「好ましい集団活動を取り戻し、新たな活動に踏み出すこと」は、関係修復的正義の「コミュニティの関係修復」という考え方に通じています。いじめの理解においては、個々の児童生徒の問題だけではなく、学級等の集団の問題についても注意を払うことが重要です。国立教育政策研究所による2013〜2015年のいじめ追跡調査では、小学校４年生から中学校３年生までの６年間で、被害経験のない児童生徒、加害経験のない児童生徒はいずれも１割程度で、多くの児童生徒が入れ替わり被害や加害を経験していることが明らかにされています。ですから、「いじめの加害・被害という二者関係だけでなく、学級や部活動等の所属集団の構造上の問題（例えば無秩序性や閉塞性）、『観衆』としてはやし立てたり面白がったりする存在や、周辺で暗黙の了解を与えている『傍観者』の存在にも注意を払い、集団全体にいじめを許容しない雰囲気が形成されるようにする」（国基本方針）という観点から学級集団等に対する指導に当たることが求められるのです。

　このように、いじめ問題は応報的正義の観点ではなく、関係修復的正義の観点から対応することが重要です。

101

第4部　児童生徒を取り巻く「問題」をとらえる

26章　不登校

　不登校とは、文字通りには、子どもが学校に登校できない、あるいは登校しない結果として、学校を欠席していることを指す言葉です。しかし、子どもが学校を欠席することすべてが不登校と呼ばれるわけではありません。子どもが学校を欠席する事情や欠席の頻度はさまざまですが、一般に、その中の一部の事象が不登校と呼ばれます。それでは、どのような欠席状況が不登校と呼ばれるのでしょうか。

1. 不登校の実態

　実際には、不登校という言葉は、それを使う人によって使い方に幅があります。公式によく用いられる不登校の定義は、文部科学省が全国の小学校、中学校、高校を対象に行っている調査で用いている、「病気や経済的状況を理由とするものではない欠席で、年間30日以上の欠席」というものです。この定義に基づいて、文部科学省は毎年調査を行い、その結果を公表しています。2022年度に関する調査結果は、全国で小学生が105,112人、中学生が193,936人、合わせて299,048人となっています。子ども全体の数に対する不登校の子ども数の比率を見ると、小学校で1.70%（約59人に1人）、中学校で5.98%（約17人に1人）であり、中学校では小学校の約3.5倍の比率となっています。学年別に見ると、小学1年（6,668人）から中学3年（69,544人）にかけてほぼ一貫して人数が多くなっています。中でも、「中1ギャップ」という言葉でも知られる通り、小学6年（30,711人）に比べて中学1年（53,770人）では約1.8倍の人数となっています（文部科学省，2023）。

　文部省（当時）が年間30日以上の欠席を基準にして調査を開始した1991年度以降（それ以前は年間50日以上の欠席を基準としていた）の結果を振り返ると、1991年度から続いた上昇が2001年度に一度ピークを迎え、その後高い水準にとどまり続けていたのが、2013年度から上昇傾向に転じ、2016年度からは前例を見ない著しい増加となっており、とりわけ小学生が急激に増加しています。

　ここまで述べた数字を評価するには、いくつか留意しておくべきことがあります。

102

26章　不登校

文部科学省によるこの定義は、あくまで調査のための定義であり、「病気」と「経済的状況」を除外する以外は、不登校の理由や背景は考慮されておらず、欠席日数のみを基準にしていることです。欠席日数が30日以上というのは、その学年度間を合計しての数であり、欠席は連続していてもいなくてもかまいません。30日間連続して休んだ後に登校を再開しても、30週間にわたって毎週1日ずつ欠席を続けても、どちらも不登校として計上されます。逆に、欠席が30日に満たなければ、あるいは自分のクラスにまったく入れず登校して別室で過ごす日が30日以上あっても、文部科学省の調査には計上されません。したがって、日常的な感覚として、2週間学校に登校できなかったという場合も「一時的に不登校だった」というとらえ方をするなら、文部科学省の調査結果が示す数字よりも、もっと多くの子どもが少なくとも一時的に不登校状態になっていることが推測されます。

2. 不登校は何が問題なのか

　このように、かなりの人数の子どもが、不登校状態であったり、不登校傾向を示したりしています。不登校は、学校教育において大きな問題の一つですが、そもそも不登校状態であることは、何が問題であるのかを考えてみる必要があります。

　先に見た、文部科学省の調査のための定義からすれば、一見したところ、欠席日数が一定の数を超えていることが問題であるように見えるかもしれません。しかし、それは問題の本質ではありません。欠席日数が問題の本質であるなら、欠席日数をできるだけ減らすことが問題の解決ということになり、例えば、別室登校ができるようになれば、「不登校の問題は解決した」ことになりかねません。もちろん、そうではありません。

　不登校状態は、教育を受ける権利を子どもが十分に行使できていない状態としてとらえることができます。つまり、本来得ることが期待できるものを、得ることができずにいる状態です。それは、子ども自身にとって、長期的に見た場合、大きな不利益になりかねない問題です。具体的には、学校で学習する機会、同年齢及び年齢の近い子ども集団の中で経験を積む機会、そうした機会を通じて生き生きとした日々を送り、成長する機会、こうした機会が部分的に、あるいは大幅に失われるリスクが高い状態です。

103

第4部　児童生徒を取り巻く「問題」をとらえる

　世間一般には、不登校は子ども本人のわがままである、甘えである、保護者の規
範意識の問題である、といった見方や言説が少なからず流布しています。しかし、
それは不登校のある一面だけに着目した見方であり、必ずしも適切なとらえ方であ
るとは限りません。例えば、不登校には、いじめにあっている場合など、それ以上
自分の心身が傷つくことから身を守るためのぎりぎりの緊急避難という意味合いを
持つものもあります。そうした、不登校の意味や背景、子どもが直面している困難
な状況を考慮せず、あるいは見落として、いたずらに子どもに登校を促す働きかけ
をすることは、子どもから必要な逃げ場を奪い、結果的に子どもをひどく追いつめ
ることになる場合があります。

3. 典型的な不登校のタイプ

　不登校の理由や背景は、子どもによってさまざまです。そして、どのような理由
や背景で生じている不登校なのかによって、子どもと保護者に対する基本的なかか
わり方も違ってきます。不登校問題へのかかわりや支援においても、初期のアセス
メントは非常に重要です。

　ここでは、アセスメントを進める際の参考として、典型的な不登校のタイプをい
くつか紹介します。初めに断っておきますが、ここに挙げるタイプは、すべてのタイ
プを網羅したものではありませんし、複数のタイプに重複して当てはまると考えられ
る不登校もあることに留意してください。

（1）分離不安を背景としたもの

　乳幼児が、主たる愛着対象である大人が自分の側から離れたときに示す不安を、
分離不安と呼びます。この心性が背景で働いていて、子どもが保護者から物理的に
離れることができず、登校時に泣いて母親にしがみつくなどして、その結果として
登校できないケースは、入学直後などの小学校低学年によく見られます。初めは順
調に登校していたのに、何らかの、子ども本人が不安を感じた出来事をきっかけに
登校できなくなる場合も多くあります。

　子どもの分離不安の背景には、保護者の側の子どもに対する分離不安や、子ども
の気持ちに対する共感性の低さが存在することもよくあります。そのため、保護者

の気持ちや子どもへの接し方が変化することで、状況が改善することも多くあります。また、分離不安の問題は、小学校低学年時に一度収まっても、思春期前後に再燃することもあります。

（2）過剰適応傾向を背景としたもの

　学業にも、学級活動にも、学校行事にも、すべてにおいて熱心に取り組み、周囲から評価されていた子どもが、体調を崩したことなどをきっかけに、ぱったりと登校できなくなることがあります。その姿は、エネルギーを使い果たして動けなくなってしまったかのようです。多くの場合、自分に対する周囲の期待を敏感に読み取り、その期待に応えようとして頑張りすぎる傾向が背景にあります。やると決めたことは完璧にやりきらないと気がすまない強迫的なパーソナリティ傾向や、周囲の期待に応え続けないと見捨てられるのではないかという不安を抱えている場合もあります。

　しっかりと休息をとることで再登校につながるケースが比較的多いですが、同じパターンでの再発を防ぐためにも、普段から適度な休息をとることができるように生活パターンを見直すことや、過度の目標追求を緩和するような働きかけなど、周囲の理解と支えが必要です。

（3）自立と依存をめぐる葛藤を背景としたもの

　5章でも見たように、思春期は大人からの自立と大人への依存をめぐる葛藤が生じる時期です。それは、多少なりとも、思春期に誰もが経験する葛藤ではありますが、その葛藤が強くなってくると、心身の不調を伴うようになりがちで、それが結果的に登校を困難にする場合があります。また、保護者からの登校への強い期待、学校を休むことへの強い叱責が、もとからある保護者に対する葛藤を増強して、いっそう子ども本人の苦しさが増すという悪循環に陥ることも少なくありません。

　主にこうした背景から生じている欠席の場合、本人自身が「登校しなければ」「登校したいのに体が動いてくれない」といった悩みや苦しさを抱えていることが多くあります。保護者が、過度に干渉していたり、過度に許容的であったりと、児童期の延長として接してきたわが子への接し方を見つめ直して、思春期の子どもへの接し方に切り替えていく必要があることも多いです。

第4部　児童生徒を取り巻く「問題」をとらえる

（4）発達障害を背景としたもの

　感覚に敏感さを抱えていたり、視覚や聴覚の感覚処理が混乱しやすかったり、物事を進める手順にこだわりが強かったり、集中力が持続しにくかったりする子どもにとっては、学校生活は時にハードルの高いものになります。こうした子どもにとっては、学校で起きることは予測が困難で不安や恐怖の源になりやすいのです。同級生との関係も、学年が進むにつれて複雑さが増し、子どもたち同士の暗黙のコミュニケーションが活発になるほど、そうしたコミュニケーションをキャッチすることも発信することも苦手にしている子どもは、孤立感や疎外感を強く持ちやすくなります。そうした感情は、「自分はいじめられている」という強い被害感に結びつくこともあります。そうした状況が続くようになると、登校が困難になることがあります。

　こうした背景から登校が困難になっている子どもに対しては、まず本人が学校生活の中で何をどのように困難に感じているのかを、本人に教えてもらいながら、本人の視点に立って周囲が理解することに努めることが重要です。そのうえで、周囲が本人の得意なところと苦手なところを理解したうえで、本人が学校で感じがちな不安、孤立感、あるいは自己効力感の低下を緩和するような、個別の具体的な手立てや工夫が必要になります。本人が学校で過ごす一日の見通しを持ち、いたずらに混乱させられることなく、安心感を持てる環境づくりが不可欠です。

（5）いじめ被害を背景としたもの

　いじめによる被害を背景とした欠席の場合、第一に、それは子どもが自分の心身の安全を守るためにやむなくとっている正当な行動であることを理解する必要があります。したがって、登校を目指した働きかけではなく、いじめの問題への取り組みと、被害にあって休んでいる子どもが、そしてその保護者が、安心して登校できる環境づくりが最優先されるべきです。その場合、拙速ないじめ問題の「解決」を目指すことは厳に慎まなければなりません。また、不登校が長期化するような場合、子どもの学習権の保障の観点からも、子どもが安心して学習に取り組める場の提供や提案など、学校の積極的な対応が望まれます。

　一方で、いじめの問題は、とりわけ思春期には潜伏化しやすく、周囲には見えなくなりがちであることに気をつける必要があります。本人自身も、どれほど周囲から尋ねられても、打ち明けることができないことも多いのです。そうした場合には、学

106

26章　不登校

校を欠席し始めたことそのものが、いじめ被害にあっていることを周囲に伝える唯一のサインであるかもしれないことに留意しなければなりません。十分な見通しを持たずに、安易に登校を促すことは危険な場合があります。

（6）家庭状況の困難さを背景としたもの

7章でも見たように、子どもが安定した日常生活を送るうえで、特に子どもが年少であるほど、家庭の役割は大きくなります。子どもにとって、家庭が心身を休めて元気を回復する場所になっていないことが、不登校の背景になっている場合があります。子どもが、起床、食事、入浴、就寝など日々の生活のリズムをつくり上げ、維持するためには、家庭内にいる大人からのかかわりと助けが不可欠なのです。

家庭が子どもを養育する機能を十分に発揮できていない場合、保護者自身もまた日々の生活を営むうえで困難に直面していることが多くあります。そうした場合、家庭の状況に応じて、さまざまな福祉的な支援が求められます。地域の社会福祉、保健福祉、児童福祉の窓口やスタッフと家庭とをつなぐうえでは、近年、学校現場への導入が進んでいる、スクールソーシャルワーカーと積極的な連携を図っていくことが有効です。

4. 典型的な不登校の経過過程

不登校の理由と背景は、場合によりさまざまである一方、不登校がどのような経過と変遷をたどるかについては、理由や背景の相違に比べれば、ある程度共通したものが見られます。不登校がどういう経過をたどっていて、現在どういう時期にあるのかについて、大づかみに見通しを持つことは、子どもや保護者とのかかわり方のポイントを考えるうえで参考になります。ここでは、萌芽期、開始期、混乱期、回復期、再適応期の5つの期に分けて考えます。

（1）萌芽期

不登校は、何の前触れもなく突然始まったように見えるケースもありますが、実際には何らかの前兆が現れているケースも多いと思われます。子どもの、いつもとは少し違う様子、行動に、教師や家族が気づいて声をかけたり、話をしたり、手助

107

第4部　児童生徒を取り巻く「問題」をとらえる

けをしたりすることで、休み始めるまでには至らずにすんでいる、いわば未然に防がれた不登校が、それとは気づかれていなくても、相当な数あるのではないかと思われます。普段から、保護者と学校がそれぞれに子どもたちに関心を払い、その日常生活の様子をよく観察していることが、この時期の変化に気づくうえでは、とても重要です。

（2）開始期

　前兆の段階で周囲から適切な支援が得られなかった場合に、あるいはまったく突然に、子どもは学校を休み始めます。休み始めた初日から、家族や学校が異変を察知する場合もあれば、初めは単なる疲れや体調不良に見える場合もあります。いずれにしても、休み始めの時期は、ぎりぎりのバランスが崩れた、あるいは崩れ始めた、まだ変化の起きやすい時期なので、子ども本人の気持ちを丁寧に尋ねて確かめながら、無理強いにならない程度に、登校を促す声かけを試みるのも一つの方法でしょう。

　気持ちと体が自分でも思うようにならなくなり始めた、この揺らぎの始まりの時期に、自分のつらさにしっかりと関心を寄せてくれる大人が身近にいることは、子どもにとって、とても心強い支えとなります。そのような意味で、もちろん相手の意向と反応を丁寧に確認しつつではありますが、教師は家庭訪問など、積極的に子ども本人及び保護者とコミュニケーションをとるように努めることが重要です。

（3）混乱期

　開始期の段階で、いわば一過性の短期間の欠席のみで、再び登校を続けられるようになる場合も少なくありません。しかし、こうした時期が2週間、3週間と経過すると、子どもや保護者のつらさや悩みは深まり、本格的な不登校状態へと移行し始めます。

　この時期になると、子どもの体調と感情はいっそう不安定になりがちで、引きこもり傾向が強くなることが多くなります。家族との会話が少なくなり、些細なことでイライラして怒りをぶちまけることもあります。家族以外との対人関係に対しては回避傾向が強くなり、担任が家庭訪問をしても顔を合わせるのを避けたり、友人の誘いにも応じなくなりがちです。思春期以降の子どもであれば、昼夜が完全に逆転した

26章　不登校

生活に入ることも珍しくありません。

　この時期は、子どもの苦しさが最も強い時期であり、それにかかわる家族の悩みも深い時期です。登校はもとより、外出すら思うようにできないことが多く、目に見える具体的な行動を引き出そうとする働きかけは、控えたほうがよい場合が多いでしょう。家庭と学校との連絡は途絶えないように留意すべきですが、この時期には、そのたびに子どもが学校を休んでいることに繰り返し直面させられることになるため、学校からの連絡、及び学校との連絡を、保護者は負担に感じることが多いものです。したがって、連絡のとり方やその頻度については、保護者の意向も確認しながら、配慮し工夫することが必要です。

（4）回復期

　混乱期を経過する中で、徐々に子どもの様子に変化が見られるようになります。家族との会話が以前の雰囲気に戻ったり、昼夜逆転が解消し始めたり、ゲームやネット以外の何かに、興味関心が動き始めることもあります。

　そうした変化がどうして起きるのかは、後から振り返ってみても、実際にはよくわからないこともあります。ただ、次の2つのことは指摘できそうです。1つは、困難な状況の中でも子ども自身が成長を続けていること、もう1つは、子どもの姿を目の当たりにして悩み苦しんでいた保護者が、子どもを自分の期待通りに動かそうと圧力をかけ続けるばかりでなく、わが子の「今」の姿にまっすぐ向き合おうと覚悟を決め始めることが多いことです。保護者が子どもに向き合うには、多くの場合、保護者自身が周囲に支えられていることが必要です。そうした意味で、学校やスクールカウンセラー、あるいは外部の相談機関は大きな役割を果たし得る可能性があります。

　家の中での生活の様子が落ち着いてくると、短時間の外出や、友だちからの誘いに応じることができるようになってきます。はた目には少し元気が戻ってきたように見えますが、再登校にはすぐには結びつかない場合が多いようです。

（5）再適応期

　再び家の外に足を踏み出していく時期です。ただし、不登校だった期間が長いほど、学校生活に戻ることへの子どもの不安は強いものです。学習の遅れのこと、ク

第4部　児童生徒を取り巻く「問題」をとらえる

ラスの仲間が自分をどう受け入れてくれるかという不安など、心配の種はたくさんあります。そうした不安に対しては、学校側の配慮と準備が肝心です。子ども本人と保護者が共に安心して再登校にチャレンジできる環境づくりに努める必要があります。

　教室に戻る前の中間段階として、登校したら保健室や空いている教室といった、自分のクラスとは違う教室で過ごす、別室登校が選択される場合もあります。別室登校には、学習の遅れをあまり気にせずにすむこと、いきなり集団生活に戻る不安やストレスを緩和すること、そうしながら学校の空気や時間の流れに心身を慣れさせていくことといった効用が期待されます。また、直接に学校に復帰する以外に、教育支援センター、フリースクールといった機関、施設を利用することが選択される場合もあります。

　この時期は、子どもにとってはチャレンジの時期であり、まだまだ自信よりは不安のほうが大きい時期であることに気をつける必要があります。少々の失敗は大丈夫、またやり直しができるという励ましを、周囲が適切に与えることが重要です。不安を抱え、試行錯誤しながら自分の道を歩み出そうとする子どもに寄り添おうと努める姿勢が求められます。

5. 不登校への支援のあり方

　ここまで見てきたことをまとめておきます。学校を休み始めた、不登校状態にある子どもへの支援とは、学校を休むという形で現れている、子どもが直面している困難な状況に目を向け、それを理解しようとすることから始まります。不登校の背景に潜んでいるかもしれない問題に思いをめぐらすことなく、いたずらに登校のみを促す働きかけは慎まなければなりません。

　アセスメントの作業は、一人で行うべきではありません。自分一人に見える子どもの姿、考えることのできる可能性の幅には限界があります。また、私たちは誰しも、自分の見たいものを見ようとし、考えたいことを考えようとします。逆に言えば、見たくないものは見えないし、考えたくないことは考えられません。そうした観点からも、一人で考え、取り組むことには、どうしても偏りが避けられません。アセスメントの段階から、教育相談を担当する教師や学年団の教師、養護教諭、スクールカウ

110

ンセラーといった教職員と情報を共有し、共に考え、対応の方針を探ることが必要です。

　不登校の背景に関するアセスメントは、あくまでその時点での仮説的なものに過ぎません。あくまで、かかわりの経過とともに、必要に応じて修正されていくべき仮説であることに留意する必要があります。そのような留保条件はつくものの、当面のかかわり、支援の方針を立てるに当たっては、初期のアセスメントは不可欠の足がかりです。

　アセスメントの結果によっては、スクールカウンセラーとの連携や、学校外の専門機関との連携が望ましいという方針が立てられることもあります。適切な連携機関を選択し、その機関との協力関係をつなぐには、さまざまな人の知恵と協力が必要になるでしょう。連携は、あくまで連携であって、相手に任せきりになることとは違います。担任として、自分はどういう立場でどういう役割を担うことにするのか、他の役割はどの教職員が担うのか、そうした相談や打ち合わせを適宜行うことが欠かせません。

　教師にとっては、不登校状態の子どもが再び登校できるようになることが一番の願いでしょう。できれば自分が担任をしているその年度のうちに何とかしたいという気持ちになることが多いでしょう。しかし、その理由や背景によっては、不登校は長期的な見通しで取り組まなければならない問題であったり、直接的な学校復帰とは異なるルートでの支援を目標にするほうがよいこともあります。いずれにしても、子どもが直面している困難な状況に見合った支援の目標を持ち、焦らずに、しかし決してあきらめることなく、子どもとその保護者に寄り添い続ける努力が求められます。

第4部　児童生徒を取り巻く「問題」をとらえる

27章　暴力行為・少年非行

1. 暴力行為

　文部科学省は、「生徒指導上の諸課題の現状を把握することにより、今後の施策の推進に資する」ために、毎年、全国の国公私立の学校や教育委員会を対象に、「児童生徒の問題行動・不登校等生徒指導上の諸課題に関する調査」（以下、問題行動調査と略記）を実施しています。この調査では、暴力行為について、「児童生徒が，故意に有形力（目に見える物理的な力）を加える行為」と定め、行為の対象によって「対教師暴力」「生徒間暴力」「（対教師・生徒間以外の）対人暴力」「器物損壊」の4形態に分類しています。さらに、「授業妨害」も暴力行為に含まれます（文部科学省，2007）。

　2022年度に関する問題行動調査では、暴力行為の発生件数は95,426件、児童生徒1,000人当たり7.5件となっています。また、1990年代後半以降の児童生徒1,000人当たりの発生件数の推移を校種別に見ると、高校では2007～2014年度に3.0件を超えていましたが、おおむね横ばい、あるいは減少傾向にあり、2022年度は1.3件でした。中学校では、2007～2014年度に10.0件を超えていましたが、その後はやや減少し、2022年度は9.2件でした。しかし、小学校では、2008年度までは1.0件未満、2014年度までは2.0件未満で推移していましたが、2015年度以降に急増し、2022年度は9.9件と過去最多でした。このように、近年の暴力行為には、低年齢化という特徴が見られます。

　文部科学省が2010年に、暴力行為に対する実効的な対応を図るために設置した「暴力行為のない学校づくり研究会」は、2011年に「暴力行為のない学校づくりについて（報告書）」を発表しました。この報告書では、「『暴力行為が発生する学校』を『落ち着いた学習環境』に改善するための生徒指導上の基本的考え方」と、暴力行為に関する「未然防止」「早期発見・早期対応」「課題解決」の3つの観点からの留意点が示されています。

27章　暴力行為・少年非行

2. 少年非行

「少年法」は、"非行少年"を次のように定めています。

* 14 歳以上で犯罪を行った少年(犯罪少年)。
* 14歳に満たないで刑罰法令に触れる行為をした少年(触法少年)。
* 保護者の正当な監督に服しない等の事由があり、将来、犯罪少年や触法少年になる虞(おそれ)のある18歳未満の少年(ぐ犯少年)。

また、「少年警察活動規則」は、「非行少年には該当しないが、飲酒、喫煙、深夜はいかいその他自己又は他人の徳性を害する行為をしている少年」を"不良行為少年"と定めています。

ですので、学校では一般的に飲酒や喫煙等の問題行動も非行としてとらえられますが、法令上は非行ではなく不良行為になります。また、いじめや校内暴力等の問題行動が、非行(犯罪行為・触法行為)に当たる場合もあります。

したがって、教職員には、問題行動が生徒指導の対象かどうかだけでなく、非行に当たるか否かを判断するための知識が求められます(文部科学省, 2022)。

3. 問題行動への対応

問題行動調査の調査項目は、暴力行為のほか、いじめ・不登校・中途退学・自殺等となっているように、問題行動とは、反社会的行動だけではなく、非社会的行動も含めた概念で、別の表現をすれば、問題行動とは学校に対する児童生徒の不適応行動であると考えることができます。

適応という概念を「個体と環境が適合している状態」だと考えると、不適応とは個体と環境がうまくフィットしていない状態であり、学校不適応の解決には、「個体(児童生徒)が変わる」ことと、「環境(学校状況)を変える」ことという2通りの方法があることになります。したがって、児童生徒の問題行動は、単なる「厄介な問題」「面倒な問題」なのではなく、児童生徒理解を深め成長支援のための指導・支援の方向性を考える契機、学校や教師のあり方を振り返り学校改善を図る契機にもなる大切な出来事

113

第4部　児童生徒を取り巻く「問題」をとらえる

でもあるのです(阿形, 2016a)。

　人権教育の現場では「非行は宝」という考え方がありました。人権教育を担ってきた教師は、学業不振や問題行動を正邪善悪の価値判断だけで断罪するのではなく、その背景にどんな状況(どんな差別の実態)があるのかを把握し、「生きづらさ」に寄りそう中でこそ、その児童生徒の本当の意味での変容・成長が生じると考えたのです。

　25章で述べましたが、人間関係の中で生じる問題行動は、近年は、けんかや暴力よりもネット上でのトラブルが多くなってきています。このように、時代とともに社会状況が変わる中で、問題行動の態様も変わってきています。けれども、「濃密な同世代関係を必要とするが故の仲間との衝突」「何らかの疎外感(寂しさ)やルサンチマン(ねたみ・うらみ)に基づく荒れ」「自立のプロセスにおける大人(親・教師等)への反抗」という問題行動の本質は、今も昔も変わりないと筆者(阿形)は考えています。むしろ、変わったのは、教師の対応の仕方であるように思えます。

　「悪いことは悪い」は今も昔も当然のことです。「非行は宝」と言っても、決して行為そのものを容認するという話ではありません。けれども、昔は、子どもはほどよい「悪」を経験する中で大人になっていくのだという人間観が、大人や社会の中に息づいていたと思われます。しかし、強迫的に「悪」「害」「危険」の排除を図ろうとする近年の不寛容社会では、昔の「非行は宝」等の智恵が少しずつ失われつつあるのではないでしょうか。

　教員は、暴力行為への対応に当たって、「暴力行為の被害を受けた児童生徒等のケアと回復支援」とともに、「暴力行為に及んだ児童生徒への立ち直りを目指した指導」に努める必要があります。暴力行為は許されませんが、行為に及んだ児童生徒を学校や社会から排除すると、その児童生徒は孤独・孤立に陥り、立ち直るきっかけを失います。ですから、その児童生徒の生きづらさにもしっかりと目を向け、なぜ暴力行為に及んでしまったのかについてアセスメントを行うことが重要です。その際には、その児童生徒の問題や弱みだけでなく、立ち直りに活用できる資源や児童生徒の強みも視野に入れながら、関係機関等と連携し、チーム学校として指導・援助に当たっていくことが大切です(文部科学省, 2022)。

4. ゆるす心

　2015年に、アメリカの黒人教会で白人至上主義者による襲撃事件が起き、9人の

27章　暴力行為・少年非行

黒人牧師等が射殺されました。追悼式で、オバマ大統領はスピーチの最後に突然、『アメージング・グレース』を歌い始めました。この讃美歌を作詞したジョン・ニュートンは、長年、奴隷貿易に携わった自らの罪のゆるしを求めて、詞を書いたと言われています。黒人教会襲撃事件の犯人に、ある遺族は「あなたは私から大切な人を奪いました。もう母と話し抱きしめることもできません。でも私はあなたをゆるします」と語りかけました。大統領は、このような遺族の姿勢、キリスト教における「ゆるす心」に感銘を受けて『アメージング・グレース』を歌ったと言われています。

　翻って、わが国の状況はどうでしょうか。「一発レッドカード社会」と表現した人もいますが、著名人の犯罪・スキャンダル等に関する報道や世論では、徹底した追及、容赦なきこき下ろしはなされても、「それでもゆるす」という論調はほとんど見いだせないのではないでしょうか。そして、学校教育においても、いじめ等の問題については、「人間として絶対に許されない」「あってはならない」と身も蓋もなく断罪し、厳しい指導・毅然たる指導の必要性だけが強調される傾向も散見されます。しかし、「子どもは過ちを犯しながら成長する」という当たり前の人間観がどんどん細っていく近年の風潮を筆者は危惧しています。生徒指導においても、「ゆるす心」がなければ、児童生徒の真の内省も変容も成長もあり得ないと筆者は考えています（阿形, 2016b）。

　人が人を「ゆるす」ことができるのは、人は完全ではなく、過ちも犯す、罪深い存在であるという人間観が根底にあるからでしょう。「性善説」と「性悪説」は、二者択一のテーマではなく、人間をどの側面からとらえるかという問題だと思いますが、作家の中島らもは、第三の真理として、ユーモア（そして底流には人間愛）を交えて「性アホ説」（中島, 1991）を提唱しています。確かに、筆者自身も「あなたは善人ですね」とか「君は悪人だ」とか言われると否定したくなりますが、「あんたはアホやなあ」と言われたら何となく頷きたくなります。中島らもは、「わけのわからないアホなことを考えてしまう存在」「理屈に合わないアホなことをしてしまう存在」という人間の本質にこだわっていたのだろうと思います。だから、筆者も、現実性重視という臨床の知の立場に立って、「人間として絶対に許されない」「あってはならない」ではなく、人のアホみたいな部分、弱い部分、愚かな部分を直視する中に教育言説のリアリティを求めていきたいと考えています。

115

第4部　児童生徒を取り巻く「問題」をとらえる

28章 被虐待

児童虐待は、子どもの生活の質を大きく損ない、時には生命が危機にさらされる深刻な問題です。児童相談所が対応した虐待に関する相談件数は、子ども人口は減少に向かっているにもかかわらず、依然として増加し続けています。児童虐待の問題について、教師として知っておくべきことを以下に見ていきたいと思います。

1. 児童虐待問題の現状

児童虐待は、わが国においてどの程度の件数が発生しているのでしょうか。厚生労働省がまとめた2022年度（令和4年度）の児童相談所での児童虐待相談対応件数は219,170件（速報値）で、前年度比約5.5％の増加となっています。10年前の2012年度（66,701件）と比較すると約3.3倍、20年前の2002年度（23,738件）と比較すると約9.2倍、30年前の1992年度（1,372）と比較すると約160倍と、急激に件数が伸び続けています。この数字を読み解くうえで注意しなければならないのは、これはあくまで児童相談所に通報があるなどして児童相談所が相談対応した件数であって、実際に起きている児童虐待の件数を反映したものではないことです。また、相談対応件数の増加は、実際に起きている児童虐待の増加と、児童虐待の問題が社会で広く認識されてくるにしたがってそれまで見過ごされてきた事案が発見されやすくなってきたことの、両方が影響していることに留意する必要があります。

2. 児童虐待に対する社会の認識と取り組み

欧米では20世紀半ばに、幼児被殴打症候群として幼い子どもたちへの虐待の問題が注目され、社会的な問題にもなっていましたが、当時は、わが国においてはそのような事案はほとんどないと考えられていたようです。しかし、わが国においても、1990年代頃から、乳幼児が自家用車内に放置されて死亡する事件の報道などをきっかけに、児童虐待の存在が注目されるようになり、その後も乳幼児の死亡事件の報

道が続くことで、その問題の深刻さが少しずつ社会にも広く認識されるようになりました。そのような中で、2000年（平成12年）に、児童虐待の防止等に関する法律（以下、児童虐待防止法と略記）が制定されました。以後、児童虐待の定義の拡張、国や地方公共団体等の取り組みや措置の強化など、予防的な対応をより積極的に行えるようにする方向で法改正が重ねられて、現在に至っています。また、2004年（平成16年）の児童福祉法の改正を受けて、虐待を受けた子どもを含めた要保護児童を地域のネットワークで早期発見して保護することを目的として、各地方自治体に「要保護児童対策地域協議会」の設置が進められています。

3. 児童虐待の定義

　児童虐待防止法では、児童虐待を、保護者が児童（18歳に満たない者）について行う次の4つの種類の行為として定義しています。

① 児童の身体に外傷が生じ、又は生じるおそれのある暴行を加えること。
② 児童にわいせつな行為をすること又は児童をしてわいせつな行為をさせること。
③ 児童の心身の正常な発達を妨げるような著しい減食又は長時間の放置、保護者以外の同居人による前二号又は次号に掲げる行為と同様の行為の放置その他の保護者としての監護を著しく怠ること。
④ 児童に対する著しい暴言又は著しく拒絶的な対応、児童が同居する家庭における配偶者に対する暴力（配偶者（婚姻の届出をしていないが、事実上婚姻関係と同様の事情にある者を含む。）の身体に対する不法な攻撃であって生命又は身体に危害を及ぼすもの及びこれに準ずる心身に有害な影響を及ぼす言動をいう。）その他の児童に著しい心理的外傷を与える言動を行うこと。

　上記の①～④は、それぞれ、一般に「身体的虐待」「性的虐待」「養育放棄（ネグレクト）」「心理的虐待」と呼ばれるものに該当します。いずれも、その本質は、本来は児童を養育、監護する立場にある保護者がその児童に対して心身の成長に有害な影響を及ぼす行為（あるいは不作為）を行うことにあります。児童虐待防止法では、児童虐待が児童の人権に対する著しい侵害であることが明記されています。

第4部　児童生徒を取り巻く「問題」をとらえる

4. 児童虐待が子どもに及ぼす影響

　児童虐待は子どもたちにどのような影響を及ぼすのでしょうか。考えられる最も深刻な影響は、身体面では健康維持や生命維持の危機、心理面では安心感、安全感、そして他者への信頼感が大きく損なわれることです。

　身体的虐待とネグレクトは、直接的に身体面の安全に深刻な影響を及ぼしますが、そればかりでなく、心理面にも影響を及ぼすことに注意が必要です。5章でも見たように、子どもの心理的発達の一番の基盤となるのは、安心感、安全感、他者への信頼感であり、それは、子どもが生理的及び心理的に不快な状態にあるときに、身近な養育者からほどよく世話をされることで培われていきます。

　児童虐待は、これと正反対の状況をしばしば子どもにもたらします。虐待は、子どもには予測不可能な形で、子ども自身のニードとは無関係に、あるいは子どものニードに反して生じる事態です。安心感、安全感、他者への信頼感は、予測可能な秩序の感覚の基盤ともなりますが、虐待を受ける経験は、子どもを予測不可能な混乱した感覚へと導きます。

　子どもの心理的成長には、自律の感覚や自発性、好奇心や勤勉性もまた必要です。しかし、虐待を受ける経験は、そうした資質を損なう方向に、子ども自身の意思とは無関係に、保護者の意思に痛みや恐怖を伴って従わされる経験になりがちです。そのうえ、そうした苦痛な経験を可能な限り回避するために、保護者の顔色や気配にひたすら敏感に注意を向けて反応する構えが強化されたり、逆に心理的な麻痺状態になり何事にも無関心になったり、苦しみや痛みや恐怖を攻撃的な行動に没頭することで解消することに努めたりという結果を招く恐れがあります。こうした傾向が慢性化すると、他者と温かく安定した人間関係を結ぶことが難しくなり、学習活動への集中も困難になりがちです。こうしたことが、子どもの成長に深刻なマイナスの影響を及ぼします。

5. 学校の中の被虐待児童

　教師は、子どもにとって家庭外で長い時間を共に過ごす大人であり、通常は人目に触れにくい形で起きている児童虐待を、いち早く発見する役割が期待されます。

118

児童虐待防止法においても、児童福祉施設の職員、医師、保健師などと並んで、学校教職員は児童虐待の早期発見に努めなければならないと明記されています。

　それでは、学校教職員は子どものどのような様子から児童虐待に気づくことができるのでしょうか。例えば、家庭内で頻繁に怪我をして登校する、目立たない場所にあざややけどの跡がある、大人が近づくとおびえる様子を見せる、季節にそぐわない服装や異臭がするなど身体の清潔を保てていない様子、朝食を食べてきておらず給食をお腹いっぱい食べる様子など、それぞれが直ちに児童虐待の表れであるとは言えませんが、そのサインである可能性を見逃すべきではありません。

6. 被虐待児童への基本的な支援

　学校内の複数の教職員の目で見て、児童虐待の可能性が疑われる場合には、積極的な対応をとる必要があります。児童虐待防止法に定められているように、国民は児童虐待と思われる事案を発見した場合には、児童相談所などの窓口への通告義務があります。学校として、どういう形で通告を行うかを早急に検討すると同時に、担任による家庭訪問など、状況の確認が必要になります。また、通告後は、児童相談所と連携して、子ども本人の安全確認や、場合によっては、子どもの保護のための措置に協力する必要も生じます。

　児童虐待の問題への対応は、児童相談所への通告で完了するのではなく、むしろそこから始まるのだと理解する必要があります。児童相談所は、虐待の状況に応じてさまざまな対応や措置をとることになりますが、基本的には、保護者による養育環境が改善し、子どもが保護者のもとで安全に家庭生活を送ることができるようになることが目指されます。したがって、学校と保護者、児童相談所と保護者の間に、敵対的な関係が固定化してしまうと、子どもへの有意義な支援が難しくなる場合があります。保護者との関係も大事にしながら、子どもが安全で安心して成長できる環境をどうやって守っていくか、個別の事案に応じて、学校と児童相談所、そして地域社会との連携が模索されなければならないでしょう。

第4部　児童生徒を取り巻く「問題」をとらえる

29章 心身の不調

　子どもたちは、時に心身の不調に見舞われることがあります。一過性の問題、あるいは短期間で治癒する病気であれば、子どもの生活に大きな支障は出ませんが、断続的に現れる不調であったり、慢性的に経過する疾患であったりすると、学校生活や家庭生活に支障が生じる場合があります。基本的には、そうした心身の不調は、それぞれの状態像に応じて、小児科や心療内科、あるいは精神科等の適切な医療機関で支援を受けることになります。そのような場合には、学校でどのようなことに注意して過ごすのが適切かについては、保護者を通じて、あるいは養護教諭等が窓口となって、医療機関と連携することになります。

　しかし、心身の不調を抱えている子どもが、まったく医療機関を利用していなかったり、その他適切な支援を受けずにいる場合もあります。そのような場合には、学校から、担任や養護教諭を通じて、受けられる可能性のある医療的支援についての情報提供を保護者に行う等のかかわりが必要になることもあります。

　本章では、子どもに生じる心身の不調として、代表的なものを取り上げて見ていきます。

1. ストレスによるさまざまな不調

　生理的及び心理的に負荷がかかり続ける状態、いわゆるストレスが持続する状態は、さまざまな心身の不調につながります（ストレス反応）。ストレスの源（ストレッサー）になるものは、例えば、室温、湿度、匂い、音といった物理的な性質のものもあれば、大人からの叱責、人前での失敗、自分には難しすぎる課題といった心理的な性質のものもあります。いずれも、一定の範囲内、あるいは一定の水準以下であれば、たいていは何の問題もありませんが、本人にとって耐え得る範囲を超えた状態が続くと、気分の悪さ、微熱、頭痛、腹痛といった身体の不調や、不安、気分の波、特定の物事へのこだわりといった心理的な不安定さを招くことがあります。

　こうした場合には、小児科等を受診しても、不調の理由を説明するほどの身体的

120

29章　心身の不調

な問題は見つからないことがよくあります。子どもの生活上のストレッサーがどこにあるのか、子ども本人や保護者と話し合い、様子を観察しながら見定めていき、可能な範囲でストレス反応の軽減を試みる必要があるでしょう。

2. PTSD

事故や災害に遭遇したり、犯罪事件を目撃したり被害にあったりすると、誰もが心理的なショックを受けます。特に、それが人の生死や、自分自身の生命や身体の危機にかかわる経験であった場合、そのショックの影響は深刻なものとなります。不安、感覚過敏、感覚麻痺、不眠といった反応を多くの人は経験しますが、通常は短期間でそうした反応は自然に治まります。しかし、数か月を経ても治まらない場合、あるいは経験の直後にはなかったそうした反応が数か月後に現れて持続する場合、そうした状態像はPTSD（心的外傷後ストレス障害）と見なされます。子どもの場合、大人ほどはっきりとした反応が現れないことも多く、それまでの本人の様子にそぐわないイライラとした様子や、落ち着きのなさから、そうした影響の存在に気づかれることもあります。

3. 対人恐怖

思春期前後から現れる問題で、人前に出ることや、人の視線を感じることに強い不安や恐怖を感じる状態です。かつては、青年期に生じやすい心理的な問題の代表例でしたが、近年では典型的な例は減少していると言われます。

対人恐怖が強くなると、電車やバスでの通学ができなくなったり、人前に出ると自分の顔が真っ赤になると感じたり（赤面恐怖）、自分の容姿を醜く感じたり（醜形恐怖）、自分の体から不快な匂いがもれていると感じたり（自己臭恐怖）という症状が現れることもあります。学校においても教室内の座席の位置など、本人の不安を軽減するための配慮が必要なこともあります。

121

第4部　児童生徒を取り巻く「問題」をとらえる

4. 摂食障害

　主に思春期に始まる、食事をとることをめぐって生じる行動及び心身の不調の問題です。男子にこの状態像が見られることはまれで、この状態像を示す子どものほとんどは、思春期以降の女子です。摂食障害は、大きく拒食タイプと過食タイプに分かれます。拒食タイプは「思春期やせ症」と呼ばれることもあります。

　拒食タイプの状態像は、摂食量の極端な制限と極端な身体的やせを特徴とします。やせた体型に憧れてダイエットを始めたことをきっかけに始まることも多いです。身体イメージのゆがみを伴っていることが多く、自分の体型について、実際よりもはるかに太ったイメージをしばしば持っています。多くの場合、極端にやせていても、本人はまだ太っていると感じています。典型例では、食事をごくわずかしか食べなくなり、見る見るうちにやせていきます。体重減少の影響で生理が停止することもあり、さらに体重が低下すると、生命維持の危機を招く恐れがあります。

　本人には、問題の自覚が薄い場合が多いです。極端に体重が減ってきても、むしろ体が軽くて調子がいいと感じる場合もあります。体重へのこだわりが強く、体重増加に強い恐怖心を持っていることが少なくありません。少しでも体重が増えるとパニックになり、再び極端な食事制限を始めることもあります。もともと、まじめで几帳面な性格で、自由な感情表現は苦手である例が多く見られます。

　過食タイプは、一度に大量の食物を摂取しては、それをすぐに吐き戻すという行動を特徴とします。拒食タイプとは対照的に、本人自身が過食行動を苦しいと感じており、悩んでいることが多いです。

　過食行動は、強いストレスを感じたときに生じがちです。典型例では、主にスナック菓子などを短時間に大量に食べ、苦しさと後悔の気持ちからすぐに自発的に嘔吐します。下剤を併用することもあります。多彩な自傷行為を伴うこともあります。一般に、感情にやや波があり、不安定で衝動的な傾向の持ち主であることが多く見られます。過食・嘔吐という行動は身体への負荷が大きく、気分の波の振幅が大きくなり、行動の頻度が増していくという悪循環に陥りやすくなります。

29章　心身の不調

5. 統合失調症

　代表的な精神疾患で、発症する時期は主に10代後半から20代前半にかけてとされます。ただし、中学生にも発症例はあります。統計的には、100～150人に1人の割合で発症することが知られていて、一般に想像されるよりも身近な疾患です。

　幻聴や妄想や被侵入体験といった陽性症状が前面に出て発症するケースもあれば、徐々に意欲が低下し、感情が平板になり、引きこもりが強くなるという陰性症状のみが目立つケースもあります。いずれの場合も、それまでのその子どもとは人柄が変化してしまったような違和感が周囲に感じられる例が多く見られます。

　統合失調症には医学的なケアが必須です。一般に治療開始が早いほうが、その後の経過が良いことが知られています。他方で、統合失調症に対する社会的偏見は一部では強く、医療機関を勧められることに家族が強い拒否を示すこともあります。

6. 慢性疾患

　子どもの中には、アレルギー疾患や腎疾患など、さまざまな慢性疾患を抱えながら学校生活を送っている子どもたちがいます。そうした子どもは、それぞれの状況に応じて、運動制限や食事制限などの生活上の制限を課せられている場合もあります。特に、食物アレルギーのある子どもに関しては、事故防止の観点からも、栄養教諭や養護教諭との密な連携のもとに、注意深い配慮が必要です。

　慢性疾患を抱えた子どもたちは、疾患そのものの苦痛に加えて、学校生活上の制限がある場合には特に、他の子どもたちと同じ活動ができないことを気にしていることも多いです。一見けなげに振る舞っている子どもたちにも、そうした心情が垣間見えることがあります。教師として、そのような状況にある子どもの気持ちへの配慮を忘れないことが求められます。

　慢性疾患を抱えた子どもには主治医がいます。そうした子どもが学校で安心して安全に過ごすためには、学校生活上の留意事項、禁忌事項等に関して、保護者や養護教諭を介して医師の指示や意見、助言の内容を、担任教師だけではなく、必要に応じて学年や学校全体で共有する必要があります。

第4部　児童生徒を取り巻く「問題」をとらえる

30章　場面緘黙

　場面緘黙（selective mutism）とは、家庭や家族など馴染みのある場面ではごく普通に話せますが、幼稚園・保育園や学校などの社会的な状況になると、声を出すことや話せないことが続く状態を言います。選択性緘黙という訳語もありますが、自分で意図的に話さないことを選んでいるわけではないので、「場面緘黙」が適切でしょう。

1. 場面緘黙の子どもの理解とその特徴

（1）場面緘黙とは

　場面緘黙は入園・入学など小児期の発症が多く、不安症に分類されています。発症率は0.5％で、200人に1人という割合です。声を聞かれることや、話しているのを見られることに不安を感じるため、緘黙症状は外界から自分を守る一種の防衛・適応様式になっています。

　場面緘黙児は、生得的に「行動抑制的な気質」「社交不安」を持つと言われています。また、症状に影響のある要因や契機はさまざまで、周囲が気づきにくい程度の発話・言語面の苦手を抱えている子どもがいる一方、バイリンガルの家庭の子どもに見られることがあります。きっかけとしては、入園・入学以外に引っ越し・転校といった新しい環境との出会いが契機になる場合もあります。また、学習障害、自閉スペクトラム症、知的障害の子どもで場面緘黙の症状が出る場合があります。

（2）緘黙児の特徴

　緘黙の程度や特徴はさまざまです。家では普通に話せるのに、学校でまったく話せない場合や、2～3人の子どもと小さい声では話せる場合などがあります。また、学校のトイレに行きにくい、給食を食べられない、着替えができない場合があります。動作が遅くてすばやい応答ができない場合や、無表情で硬直して動けないこともあります（緘動）。そのほかに感覚過敏、分離不安、完全主義、強迫傾向を持つ場合があります。また、家庭ではとても騒がしい子や怒りっぽく自己主張的な子もいます。

124

30章　場面緘黙

　適切な支援がないままに思春期を迎えると、二次障害として、不登校やうつのリスクが高まります。

2. 場面緘黙の子どもへのかかわり

（1）かかわりで注意するポイント

次のような接し方をすると、かえって症状が悪化することがあります。

＊話すようプレッシャーを与える。
＊物でつる、強要する、脅すなどして話させようとする。
＊話さないことを責める。嫌がることをさせる。クラスに注目させる。

（2）具体的な接し方

　長期目標は発話ですが、（1）で見たように発話にとらわれないかかわりが大切です。具体的な目標としては、①不安を軽減するため、楽しめる場面を増やす、②自信を持ちにくいので、自己肯定感を高める、③少しずつ場数を踏み、社会的交流の体験を増やす、などがあります。

　実際のかかわりでは、身振り・指さし・筆記で意思表示、教師と交換ノート、といった会話以外のコミュニケーションを大切にし、クラスの中で目立たない支援を目指します。授業の工夫としては、話さなくても参加できる活動や、得意なことを認めて活躍できる場を用意したり、また学習面で不利にならないよう、本人が無理なくできる方法を保護者と模索したりします。例えば、自宅で録音録画したものを教師に見てもらうことや、電話やコンピュータの使用などがあります。

（3）家庭や専門機関との連携

　場面緘黙の支援はできるだけ早い時期から行うことが有効です。家庭や専門機関とチームで取り組むためには、書籍（かんもくネット，2008）や「かんもくネット」のホームページに詳しい支援の進め方があるので参照してください。

125

第4部　児童生徒を取り巻く「問題」をとらえる

31章 | 性的マイノリティ

1. 性の多様性

　国の教育行政における性の多様性（性的指向と性自認の多様性）に関する考え方は、今世紀に入って大きく変わってきました。

　例えば、同性愛については、19世紀末から精神医学では「障害」「病理」ととらえられており、文部省も1979年の「生徒の問題行動に関する基礎資料：中学校・高等学校編」の中で、同性愛は「倒錯型非行」であり、「社会的にも健全な社会道徳に反し、性の秩序を乱す行為となりうるもので、現代社会にあっても是認されるものではないであろう」と示していました。

　しかし、1970年代以降、精神医学や心理学で同性愛は承認されるべきではないかとの議論が起き、1990年にはWHOが同性愛を障害とする記述を削除しました。このような動向の中で、1993年には文部省も同性愛を倒錯型非行とする記述を削除しました。また、生物学的な性と性別に関する自己意識が一致しない「性同一性障害」（現在では性別違和、性別不合とも称されます）について、2003年に「性同一性障害者の性別の取扱いの特例に関する法律」が制定され、2010年には文部科学省が「児童生徒が抱える問題に対しての教育相談の徹底について」の中で、性同一性障害に係る児童生徒の心情等に十分配慮した対応を要請しました。さらに、文部科学省（2015b）は、悩みや不安を受けとめる必要性は、性同一性障害に係る児童生徒だけでなく、いわゆる「性的マイノリティ」とされる児童生徒全般に共通するものであると示しました。

2. 「性的マイノリティ」の児童生徒の支援

　性の多様性に関する文部科学省の考え方の変化は、性の多様性に関する社会意識の変化と関係しています。同性愛を「倒錯型非行」と位置づけることなどは、現在では多くの人が首をかしげるでしょうが、それまでの日本社会ではそのような見方がまかり通っていたとも言えます。そんな時代では、「性的マイノリティ」の児童生徒た

126

ちは、偏見・差別・いじめを恐れ、他の児童生徒や教師あるいは親に悩みや不安を訴えることさえできない状況に置かれていたと考えられます。

　このような状況を改めるために、文部科学省（2015b）は表5のような「性同一性障害に係る児童生徒に対する学校における支援の事例」を例示しました。

表5　性同一性障害に係る児童生徒に対する学校における支援の事例

項目	学校における支援の事例
服装	・自認する性別の制服・衣服や、体操着の着用を認める。
髪型	・標準より長い髪型を一定の範囲で認める（戸籍上男性）。
更衣室	・保健室・多目的トイレ等の利用を認める。
トイレ	・職員トイレ・多目的トイレの利用を認める。
呼称の工夫	・校内文書（通知表を含む。）を児童生徒が希望する呼称で記す。 ・自認する性別として名簿上扱う。
授業	・体育又は保健体育において別メニューを設定する。
水泳	・上半身が隠れる水着の着用を認める（戸籍上男性）。 ・補習として別日に実施、又はレポート提出で代替する。
運動部の活動	・自認する性別に係る活動への参加を認める。
修学旅行等	・1人部屋の使用を認める。入浴時間をずらす。

　さらに、文部科学省（2017a）は、性同一性障害だけではなく、性的指向、性自認について、教職員への正しい理解の促進や、学校として必要な対応について周知するとしました。

　現代社会ではSDGsの考え方等も広まりつつありますが、「同性カップルは非生産的である」等の発言に象徴されるように、全体としては今なお経済的な「成長・発展」の価値観が基本に据えられていると思われます。その結果、学校教育に対しても、「成長・発展」を担う人材育成を図るというバイアスがかかります。しかし、そのような視点だけでは、学校になじめない児童生徒の生きづらさの理解や支援にはつながりません。ですから、「性的マイノリティ」「不登校」等の児童生徒を支える、現実性重視の立場に立つ臨床的な教師には、現実から遊離するわけでもなく現実に埋没するわけでもない姿勢、言い換えれば、社会全体の状況や国の教育行政の動向を踏まえつつ、それらに忖度・順応するだけではなく、それらの意味をラディカル（根源的）に問い直す姿勢も合わせ持つことが求められるのです。

127

> Column 5

子どもの成長と心の痛み

*

　子どもが成長することは、保護者の願いであり、教師の願いでもあります。子どもたちが、それぞれに努力して、時には苦しい経験をしながら、社会に対する視野を広げ、知的側面、運動的側面、対人関係的側面においてそのスキルを伸ばしていく姿を、保護者や教師は喜びとともに見守り、子どもたち自身もそうした自分の成長に手応えを感じることでしょう。

　子どもが成長することは、基本的に、望ましいこと、喜ばしいことです。でも、実はそれだけではありません。成長することには、光の部分もあれば、影の部分もあります。

　子ども自身にとって、成長することは、自分が変化していくことです。それは、慣れ親しんだ自分のあり方から、未知の新しい自分のあり方へと進んでいくことです。それは、先が見通せない不安なことでもあります。また、未知の新しい自分になることは、それまでの慣れ親しんだ自分のあり方に別れを告げることでもあります。それは、時には、自分にとってかけがえのない大切なものを手放すことでもあります。成長することには、期待と不安、喜びと悲しみが入り混じっているのです。だから、成長するということは、子ども自身にとって、時には勇気を必要とすることなのです。

　とりわけ、成長することに伴う光の部分と影の部分が激しく交錯するのが、思春期という時期です。思春期前後の子どもたちの揺れ動く気持ちは、さまざまな小説や映画の題材ともなってきました。

　例えば、宮崎駿監督のアニメーション映画『千と千尋の神隠し』には、前思春期の少女の両親との葛藤と成長の痛みが描かれていますし、大林宣彦監督の映画『さびしんぼう』には、思春期の終わりを迎えつつある少年の孤独感と親からの心理的自立の痛みがにじみ出ています。

　子どもたちが抱える、そしておそらくみなさん自身が経験してきた、成長に伴う切なさに、時々思いを寄せてみてください。

（小松貴弘）

第 **5** 部
「問題」に取り組む

〈生徒指導の進め方〉

第5部　「問題」に取り組む

32章 生徒指導における"私"と"公"

1. 教育の目的における"私"と"公"

　教育基本法第1条には、教育の目的として、「教育は、人格の完成を目指し、平和で民主的な国家及び社会の形成者として必要な資質を備えた心身ともに健康な国民の育成を期して行われなければならない」と示されています。また、生徒指導提要（改訂版）では、生徒指導の定義について、「生徒指導とは、児童生徒が、社会の中で自分らしく生きることができる存在へと、自発的・主体的に成長や発達する過程を支える教育活動のことである」と示されています。

　「人格」「自分らしく生きること」は個性に係る概念で、「国家及び社会の形成者として必要な資質」「社会の中で生きること」は社会性に係る概念です。前者は"わたしの物語""私"に関係するテーマであり、後者は"みんなの物語""公"に関係するテーマであるととらえることもできるでしょう。

　そして、教育の目的や生徒指導の定義に両者が併記されていることの意味は、決して小さくありません。なぜならば、"私"と"公"の問題は、学校教育においても、しばしば、「あちら立てればこちらが立たぬ」というジレンマの問題として浮上するからです。そして、"私"と"公"の併記は、「"私"が"公"をないがしろにする」ことも「"公"が"私"を抑圧する」ことも豊かな学校教育にはつながらないことを表していると解釈することもできるでしょう。

2. "私"が"公"をないがしろにする

　日本社会や学校教育における価値観を概観すると、戦前は、滅私奉公という言葉に象徴されるように「公＞私」であったのに対し、戦後は「私＞公」の傾向が強まったと考えられます。森田（2010a）は、現代社会では、人間関係や組織に対して適度な距離を置きつつ、自分の私的な領域を確保したいという欲求から、人々の関心が公的なものから私的なものへと移っていく「私事化（privatization）」の動向が見られると指摘

しています。

　ただし、若者の意識に焦点を合わせると、戦後の1970年代頃までは、必ずしも単純な「私＞公」ではありませんでした。フォークバンド「かぐや姫」が1973年にリリースし大ヒットした『神田川』のサビの部分の歌詞「若かったあの頃　何も怖くなかった　ただ、あなたの優しさが怖かった」は、彼女との同棲生活の中で、幸せで平穏で小市民的な日常に満足し、社会のことを考えなくなりそうで「怖かった」という意味でした。『神田川』は、"私"に埋没し"公"にかかわろうとしなくなることを拒絶する当時の若者の意識を象徴する歌だったのです。

　しかし、例えば2022年に公益財団法人日本財団が日本、アメリカ、イギリス、中国、韓国、インドの17〜19歳の男女（各国1,000人）を対象に実施した「18歳意識調査」では、「自分は責任がある社会の一員だと思う」の項目に対する「はい」の回答率は、日本は48.4％で6か国6位（1位はインドの82.8％、5位は韓国の65.7％）、「国や社会に役立つことをしたいと思う」の項目に対する「はい」の回答率は、日本は61.7％で6か国6位（1位はインドの92.6％、5位はイギリスの71.2％）となっており、私事化の傾向が顕著に表れています。

　このような状況の中で、"私"が"公"をないがしろにすることがないように、生徒指導では「社会性」等、特別活動では「集団の一員」等、道徳教育では「集団や社会との関わり」等、主権者教育では「社会参加」等の観点を軸にして、その指導内容や指導方法が提示されているわけです。

　「学校は誰のためにあるのか」という問いには、「子どもの（成長・幸せの）ため」という言葉が浮かぶ方が多いでしょう。しかし、これだけでは、教育基本法等に"私"と"公"が併記されている意味を踏まえていないとも言えます。

　大学教員として「世間性」をキーワードに研究・教育に当たった氏家治は、中学校の校長を務めていた際に、「学校は俺らのためにある。セン公は学校があるから給料をもらっている。何で俺らに文句いうのか」と毒づいて指導に従わない生徒に悩んでいた（日頃から「学校は君たちのためにある」と話していたので反論できなかった）教師に対して、こう助言しました。

　「国民全体の幸福があってこそ、一人一人の幸福が実現されるものである。また、一人の不幸を眼前にしながら、国民全体が幸福な日々を送ることはできない。」

　「子供の気ままを抑制し、修練によって人間としての生き方を身につけさせること

第5部　「問題」に取り組む

は、国民全体を幸福にするという考え方や生活態度を育てることに他ならない。『学校は俺らのためにある』と豪語し、教師の指導に逆らう生徒の行為は、日本国民の幸福につながらない。学校はこうした生徒のためにあるのではなく、この誤った行為を反省させ、教え導くためにあるのである。」

　この助言に勇気づけられた先生は、その後、毅然と「学校は君たちのためにあるのではない。日本国民全体の幸福のため、こうした君たちの行動を反省させ、教育するためにある」と話し、生徒の態度は急変したのでした(氏家，1988)。

3. "公" が "私" を抑圧する

　戦後の1970年代頃までの若者は "公" にもこだわっていたと先に述べましたが、"公" の内容は戦前の "公" とは異なるものでした。ジョン・レノンが "Imagine there's no countries" と歌ったように、加川良が「(お国のために) 死んで神様といわれるよりも、生きてバカだといわれましょうよね」と歌ったように、1960年代・1970年代の若者が見据えていたのは、軍国主義や国家主義とは対極にある "公" でした。その背景には、戦争(第二次世界大戦、ベトナム戦争等)や差別(民族差別、女性差別等)への社会的関心があり、"私" の犠牲の上に成り立つ "公" に抗する社会的態度がありました。

　与謝野晶子は、日露戦争に従軍する弟を案じて、「親は刃をにぎらせて、人を殺せとをしへしや、人を殺して死ねよとて、二十四までをそだてしや」と詠みました。教師は、児童生徒の「国民全体のことを考える "公" の資質」を育むことに努めつつ、それがファシズムやレイシズムに結びつき「人を殺して死ねよ」というメッセージに変質していくことにも留意する必要があります。別の言い方をすれば、public (パブリック：公共) の問題と nation (ネーション：国家) の問題を混同せずに見極める視点が大切だということです。

　2006年に教育基本法が改正されましたが、国会での審議(参議院教育特別委員会)において、「教育基本法の改正によって、戦前のように国を愛する心を強制するのではないか」という質問に対し、文部科学大臣は「愛国心の美名の下に個人の尊厳が損なわれた戦前の反省があって現行憲法・教育基本法はできた。だからそれを変えるのは、戦前に返るということで、(愛国心の強制は) ないんじゃないでしょうか」と答弁しました。

134

32章　生徒指導における"私"と"公"

　このように、教育基本法の改正や道徳の教科化の際に巻き起こった議論は、根底では"公"と"私"の問題にどう折り合いをつけるかというテーマと関係していたわけです。

4. "公"と"私"の統合

　森田（2010a）は、私事化のネガティブな側面として、私生活に隠遁し、公共性や他者に無関心になり、私益が突出し公益が軽視される点を指摘しました。しかし一方で、私事化によって、集団や組織に呑み込まれ、ないがしろにされがちだった個人の幸福や自分らしさを大切にする価値観が登場してきたことは歓迎すべきであると、私事化のポジティブな面にも言及しています。

　2章で述べたように、臨床の知とは、現実性重視という立場でもあります。そして、現実はいつも多義的ですから、現実を複雑系としてとらえます。物事を1つの中心（1つの理論、概念、理念等）で考えるのではなく、太極図（図6）のように、物事を2つの中心で考え、一見対立するように見えつつも相互に関係する相補的なイメージで全体をとらえるのです。「AかBか」の二者択一の問題としてではなく、「AもBも」の統合の問題として考えるのです。

　この「AとB」は、「"公"と"私"」でもあり、「優しさと厳しさ」「"褒める"と"叱る"」「意識と無意識」「理論と直観」等でもあります。そして、「AかBか」という問題の立て方をした途端に、議論はリアリティを失い深みのないものになってしまうものです。ちなみに、企業経営においても、近年では、従来のような「分析」「論理」「理性」に軸足を置いた「サイエンス重視の意思決定」だけでは複雑で不安定な世界での舵取りはできないということで、グローバル企業は幹部候補を美術系の大学院に送ったり美術館の教育プログラムに参加させたりして、「美意識」を鍛え、「サイエンス」と「アート」を統合した経営を目指しているそうです（山口，2017）。

　そういう意味では、「学校臨床力」とは、簡単に矛盾や葛藤の解消を図ろうとはせずに両者の統合の方向性を模索する姿勢であるとも言えるでしょう。

図6　太極図

第5部 「問題」に取り組む

33章 生徒指導の重層的支援構造

1. 生徒指導の構造

2022年に改訂された生徒指導提要は、児童生徒の課題への対応を「時間軸」「対象」「課題性の高低」の観点から類別し構造化して、生徒指導の重層的支援構造（2軸3類4層構造）として示しています（図7）。

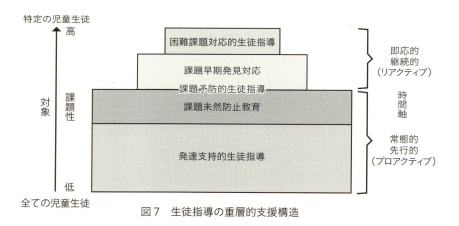

図7 生徒指導の重層的支援構造

2. 生徒指導の2軸3類4層

生徒指導の2軸とは、「常態的・先行的（プロアクティブ）生徒指導」と「即応的・継続的（リアクティブ）生徒指導」で、時間軸に着目した分類です。前者は事前指導、後者は事中指導・事後指導と考えることもできるでしょう。

生徒指導の3類とは、「発達支持的生徒指導」「課題予防的生徒指導」「困難課題対応的生徒指導」で、生徒指導の課題性の高低と課題への対応の種類による分類です。「発達支持的生徒指導」はすべての児童生徒が対象で、「困難課題対応的生徒指導」は

一部の児童生徒が対象です。「課題予防的生徒指導」は、すべての児童生徒を対象とした「課題未然防止教育」と、一部の児童生徒を対象とした「課題早期発見対応」に分けられ、これらと「発達支持的生徒指導」「困難課題対応的生徒指導」とを合わせたものが4層構造です。

3. 重層的支援構造の考え方の意義

　学校現場において生徒指導主事や生徒指導に係る分掌が主に担っているのは、規律指導（校内規律に関する指導、問題行動に対する指導）等の困難課題対応的生徒指導です。そして、教職を目指す学生は、不安に感じていることとして「児童生徒を叱ること」をしばしば挙げます。また、経験を積んだ教員も規律指導の難しさに直面し苦悩している場合が少なくありません。にもかかわらず、「生徒指導は単なる問題行動対応だけではない」という理由から、規律指導の必要性や重要性についてはこれまであまり言及されてきませんでした。それどころか、生徒指導の意義は青少年非行等の対策といった言わば消極的な面にだけあるのではなく（文部省, 1981）、すべての児童生徒の健全な成長を促進する指導が積極的・開発的な指導援助である（文部科学省, 2010）とされていました。

　このような表現について、学校現場で体を張ってでも積極的に規律指導に取り組んでいる教師の中には、その役割をネガティブ（消極的・否定的）な生徒指導と言われているようで釈然としない人もいたと思われます（山下, 2023）。しかし、今回の生徒指導提要の改訂では、生徒指導を「積極的」「消極的」という価値づけで分類することは行われず、重層的支援構造の概念においても、困難課題対応的生徒指導は他の指導と並列でその意義・必要性が示されました。

　筆者（阿形）は、「力愛不二」（愛のない力は暴力であり、力のない愛は無力である）が教師の指導のあり方を模索する際の大切な道しるべになると考えています。そして、教職を志望する学生に対しては、児童生徒理解等の「愛」の意味を考える学修に加えて、「叱り」に関するディスカッション（不安や躊躇を感じる点について）、「叱り」の事例検討（指導に納得したケースとそうではないケースについて）などを通じて、教育における「力」の意味を考える学修の場を設け、「重層的な支援ができる教師」「優しくて厳しい臨床的な教師」の育成に取り組んでいます。

第5部　「問題」に取り組む

34章 教師の厳しさ

1. 壁になること

　33章で、「叱ることの難しさ」について触れましたが、なぜ教師は不安や躊躇を感じるのでしょうか。その理由は、「叱り」を「児童生徒を抑え込む権力的・管理的な指導」「児童生徒を服従させる上命下服の指導」ととらえているからかもしれません。実は、「叱り」についてのこのようなイメージは、筆者（阿形）自身が教職に就いていたときに抱いていたものに他ならず、うまく叱ることができないことについて苦悩していました。

　児童生徒の指導に当たっては、「権力的・管理的な指導」「上命下服の指導」が必要となる局面も当然あります。ですから、筆者自身もそうでしたが、「権力を引き受けることが苦手」「人の上に立つことが居心地悪い」と感じる教師も、教育者である限り、そのような自身の内面のこだわりを自覚し、指導場面によってはそこを踏み越えていくことが求められます。「〈叱る〉という行為は必ず強い側から弱い立場の相手に対して可能なことであり、自分が相手より強い立場にいることに生理的な不快感をおぼえてしまうから人を叱ることができない」（五木，1997）という五木寛之の言葉に親近感を覚えていた筆者が、自身のこだわりをある程度整理するきっかけになったのは、「教師が児童生徒の壁になる」という考え方との出会いでした。

　河合（1992a）は、反抗や非行を行う思春期の子どもに対して大人が防壁となって立ちはだかる心構えが必要であると指摘していますが、その理由は、子どもたちの問題行動の破壊性から社会や既存の体制を守るためということよりも先に、子どもたち自身の安全を守る壁になるためだと述べています。そのような壁にぶつかってこそ、子どもたちの破壊的なエネルギーが建設的なものに変容するというのです。そして、開かれた自由な態度とか、生徒を理解する態度とかを浅薄に理解している教師は、生徒の前に壁として立つ強さに欠け、その結果、子どもたちの破壊性は激化し、説得や話し合いはほとんど意味を持たなくなると述べています。

　しかし一方で河合は、「壁はがっちりと立っていて、それに当たってくるものをは

ね返すが、自ら動いて他をしめつけたりはしない」「壁の比喩を用いるなら、子どもたちの守りとして立っている壁は生きていなければならない。それは相手と感情の交流を行い、自分のあり方について考え直してみることのできる壁でなければならない」とも指摘しています。このような「壁」のイメージは、「力愛不二」の考え方と通底していると言えるでしょう。

2. 厳しさを求める児童生徒

　先生に叱られることは、子どもたちにとっては嬉しいことではないでしょう。けれども、一方で、子どもたちは先生の「厳しさ」を求めているとも言えます。

　作家の三浦綾子は、エッセイでこんなエピソードを紹介しています。三浦の家に近所の小学生の少女が遊びにきたとき、思うところがあった三浦は「きびしい先生と、優しい先生と、どっちが好き？」と尋ねました。多くの方が予想されると思いますが、彼女たちは「優しい先生」と答えました。しかし、続けて三浦が、「ではね、あなたたちがまちがった時、きびしく注意してくれる先生と、何も言わない先生と、どっちが好き？」と尋ねました。すると、彼女たちは、「きびしく注意してくれる先生」と答えたのでした。三浦は、「優しさを望む気持と、きびしさを望む気持とは、心の底で一つなのだ。自分を正しく導いてくれる先生が少女たちは好きなのだ」と述べています（三浦, 1996）。

　32章で、「AかBか」という問題の立て方をした途端に議論は深みのないものになってしまうと述べましたが、優しさと厳しさの問題も同じだと言えます。時に教師間では、「児童生徒の内面を理解しない教員がいるから学校が良くならない」「児童生徒に甘い教員がいるから学校が良くならない」等の「優しさか厳しさか」の対立が生じることがありますが、そのような議論は、「優しくて厳しい教師」「壁になる教師」「力愛不二の教師」等の教師像を深めていくことにはつながらず、学校が直面する課題の解決にもつながりません。ですから、「両方大事」という視点に立つ臨床的な先生には、どちらか一方の側に与するのではなく、両者の橋渡し役になって調和・統合を図る役割を果たしてほしいと思います。

第5部　「問題」に取り組む

35章 教師と児童生徒の関係性

1. 関係性が成立してこその学級

「君たちは同じ学級の仲間同士なのだから、仲良くしなさい。」

担任の言葉としては特に疑問に感じる点はないように思えるかもしれませんが、これが年度初めの言葉であるとしたら、問題があるかもしれません。

社会学者のテンニース（Tönnies, F.）は、人々の社会・集団をゲゼルシャフト（利益社会、何らかの目的達成のために人為的・機械的に形成された社会・集団）とゲマインシャフト（共同社会、血縁や友情などのパーソナルな結合による社会・集団）に分けましたが、学級はどちらに当たるかを考えてみてください。

一般的に、クラス分けは、児童生徒の学力や配慮事項等を判断材料にして、教育目的達成のために教師が人為的に行うもので、児童生徒の希望・要望に基づくものではないので児童生徒間のパーソナルな結合は基本的には考慮されません。ですから、スタートの段階では学級はゲゼルシャフトであって、学級運営とは「ゲゼルシャフトとしての学級をゲマインシャフトに深めていく営み」であると言うことができます。言い換えるならば、学級は、最初から当たり前に存在するものではなく、担任の学級運営と児童生徒の共同・協働によって、教師と児童生徒、そして児童生徒同士の関係性が成立してこそ、初めて、学級は真の意味での学級になるのです。

2. 関係性が成立してこその教師

「私が君たちの担任なのだから、私の言うことをきちんと聞きなさい。」

担任の言葉としては間違っているわけではないように思えるかもしれませんが、これもまた、年度初めの言葉であるとしたら、問題があるかもしれません。

筆者（阿形）は以前、住職を務めている知人に依頼されて、お寺で講演を行ったことがありました。知人が、檀家さん等を対象に定期的に本堂で開いている「大人のための寺子屋」のゲストスピーカーに招かれたのです。授業や研修会等で、人前で話すこ

140

とには慣れていますが、このときは、開始時間が迫るにつれて、いつになく緊張感が高まってきました。その理由は、授業や研修会等とは異なり、ここでは話者である筆者と聴者の間には何の契約関係（昔の概念で言うと特別権力関係）も存在しないことに思い至ったからです。筆者は、高校教諭・大学教員として、当たり前のように、例えば授業に集中しない生徒や学生がいたら指導を行ってきました。しかし、ここでは、話の中身が退屈で居眠りをする人が出てきても注意することはできません。話の内容のインパクトのみが「武器」であるというプレッシャーがどんどん大きくなってきました。でも、ふと演台の後ろにはご本尊がいらっしゃることに気づきました。筆者が参加された方々に話す場を、筆者の後ろから仏様が見守ってくださっている……、筆者は特定の宗派への深い信仰心を持っているわけではありませんが、そう思うと何だか気持ちが楽になって、何とか講演を終えました。

　この稀有な経験から、筆者は、「私は教師なのだから……」というのは教師の側の論理であって、必ずしも児童生徒の側の論理ではないことに気づきました。

　ある荒れた中学校に転任したＡ先生が、３年生の担任になって、ボス的存在だった生徒に初めて会ったときに、「今度、担任になったＡです。よろしくな」と声をかけたところ、彼はこう言ったそうです。

　「誰がお前を担任って決めた？　俺はそう思ってないぞ。」

　筆者は、この話を学生たちに紹介して、「君たちだったら、どんな言葉を返すか？」と問いかけたことがあります。学生たちは、「教師に向かってその口のきき方はなんだ！」と叱ってもこの場合はうまくいきそうにないのはわかるけれども、じゃあどう言えばいいのかはすぐには思いつかないようでした。

　実際にＡ先生が口にした言葉は、こうでした。

　「そうやな。それなら今から１年かけて担任になるわ。」

　Ａ先生は、そのときの気持ちを、「中学校生活２年間の教育が、この生徒をここまで大人不信にしてしまったのかと胸が痛かった。そして、このまま大人不信を抱えて卒業させたらいけない、大人も捨てたもんじゃないとわからせたいと強く思った」と話しています。その後、紆余曲折を経ながら少しずつ信頼関係を築き、卒業式の日にこの生徒は「ありがとな」と言って花束をくれたそうです。Ａ先生は、この生徒とのかかわりを振り返って、こう語りました。

　「Ａに出会うまで、自分は自分自身のことを当たり前のように『先生』だと思ってい

た。だからこそ、『担任とは認めない』と面と向かって言われて、『なるほど、そうだよな』と開眼した思いである。『教師とは、生徒に認められてこそ初めて教師になれるんだ』ということに改めて気づかされた。子どもは教師を選べない。だからこそ私たちは子どもの心に寄り添えなければならない……。」

筆者は、教職を志望する高校生や学生に、教師になるには3つのハードルを越えなければいけないと話すことがあります。3つのうちの2つは、言うまでもなく、「教員免許取得」と「教員採用試験合格」です。そして残る1つは、「児童生徒に教師と認められること」だと伝えています。

児童生徒との日々の根気強い丁寧なかかわりによって、児童生徒との関係性が成立してこそ、初めて、教師は真の意味での教師になるのです

3. 物理的距離と関係性

人と人との関係性というテーマは、人と人との距離の問題として考察してみることもできるでしょう。ここで言う「距離」とは、物理的距離と心理的距離の両方を意味します。

京都の鴨川べりではカップルが身を寄せ合って座っている姿がよく見られますが、カップルとカップルの間は数メートルの等間隔になっていることが多いものです。おそらく、この絶妙な物理的距離によって、侵されない「2人の世界」と、孤絶しない「みんなの世界」が両立されるのでしょう。他者との間隔が取れないラッシュ時の車両内は不快なものですが、閑散としている商店街も何だか物寂しいものです。教育を考える際も、児童生徒間、あるいは児童生徒と教師のほどよい物理的距離を考えることが大切です。

教師の中には、親密さの意味を取り違えているのか、児童生徒との物理的距離が近すぎたり、やたらと身体接触を行ったりする人もいますが、無神経に自分の領域に踏み込む教師に児童生徒は嫌悪感を抱くこともあるでしょうし、場合によればハラスメントとして問題になる危険性もあります。

一方、教師と児童生徒の物理的距離が遠すぎても、交流は成立しません。質問やちょっとした相談事があって、職員室に児童生徒がやって来ることがあります。教師の机上にはテスト問題や個人情報に関する資料があるので、職員室の入口で止ま

るように命じて、入口から離れた教師の席に座ったままで「何の用だ？」などと対応する教師もたまに見られます。これでは、児童生徒が「先生に受けとめてもらえる」と感じるわけがありません。ある学校では、職員室を単なる「教師の部屋」ではなく「教師と児童生徒が交流する場」と位置づけ、机やロッカーなどの配置を整理して一定のスペースを作り、そこにカウンターを設置して、児童生徒が来たらすぐに教師がカウンターのところに出向くようにしています。

4. 心理的距離と関係性

　次に、人と人との関係性のテーマを、心理的距離の問題として考えてみます。

　心理的距離が遠すぎると、児童生徒との関係性は成立しません。マザー・テレサは「愛の反対は憎しみではなく無関心」と言いましたが、相手の内面に関心がない態度では、児童生徒が「受けとめてもらえた」「わかってもらえた」と感じるわけがありません。無関心な態度とは、次のようなものです。

＊視線を向けない（相手をよく見て理解しようとする心構えの欠如）。
＊仕事をしながら対応する（「ながらスマホ」と同じ“見逃し”の危険性）。
＊腕組みや足組みをしたまま（腕組みは防衛的な姿勢、足組みは弛緩した姿勢）。

　また、作家の重松清は、「標語の多い町はろくな町じゃない」と指摘しています。「あいさつは豊かな社会の第一歩」などの標語は、言葉自体は確かにまっとうだけれども、誰が誰に向けて投げかけているのかさっぱりわからず、なんの重みもなく、実効力もなく、ぽかんと宙に浮いているというのです。そして、発言の責任を負わないという意味では匿名の投書と標語とは同じであり、「あんまり手を抜かないほうがいいんじゃないですか？」と問いかけています（重松, 2005）。重松が指摘しているのは、受け手との関係性を築く労もとらずに心理的距離が遠いままでいくら「正しいこと」を提示しても相手に伝わるわけがないということだと思います。教師に求められるのは、言うまでもなく、労を惜しまず児童生徒理解と信頼関係構築に努める「受苦的なかかわり」（2章参照）です。

　一方、心理的距離が近すぎても、児童生徒との関係性は成立しません。

第5部 「問題」に取り組む

　筆者が新任として最初に勤務した高校で、あるとき、先輩の先生が職員室に戻るなり「"バーン"に"うーん"なんて言う奴はダメだ」と言いました。どうやら、生徒が指でピストルの形を作ってある若い教師の胸のあたりに向けて「バーン」と言い、その教師が「うーん」と唸って応じていた場面について怒っておられるようでした。「うーん」と言ったのは筆者ではありませんでしたが、自分も同じような場面に遭遇したら「うーん」と対応してしまうように思えて、自分が叱られているような気恥ずかしい気持ちになったことを鮮明に覚えています。

　大学間交流で北京師範大学を訪問したときに、「師範」の意味を表す校訓が書かれた大きなモニュメントが目にとまりました。そこには、「学為人師、行為世範」という文字が記されていました。「学んで世の人の師となり、行いて世の人の範となる」という意味です。

　戦前は日本でも、教員養成機関として師範学校が設置されていました。しかし、戦後の教育改革の中で、師範学校だけで教員を養成する「閉鎖的制度」から、大学において教員養成を主とする学部だけではなく他学部学生であっても必要単位を修得すれば教員となることができる「開放的制度」に変わりました。このように、戦前の極端な国家主義や軍国主義に基づく教育を担った教員の養成機関を改めたことには大きな意義がありましたが、その結果、近年の学生たちにとっては「師範」という言葉は馴染みがなく、中には「師範」に込められた教師の卓越性や示範性の大切さを認識していない場合も見受けられます。

　河合（1992b）は、「時に教師のなかには、自分は生徒と常に対等であるなどと主張したり、同じ仲間だと言う人もある。そのような方には、『それではあなたも授業料を払って下さい』と言うことにしている。（略）自分の担当している教科については、その知識においてもそれを効果的に教える点においても、教師は生徒をはるかに上まわっている必要があるし、（略）人生における常識も生徒より豊かにもっていなくてはならない」と述べています。

　先に述べた「バーン、うーん」のエピソードは、「師範」としての自覚を欠き、児童生徒との心理的距離が近すぎて馴れ合いの関係に陥る問題としてとらえることができるかもしれません。

　教師は、日々の教育活動の中で、児童生徒のさまざまな「人間関係における働きかけ」に直面し、揺さぶられます。学ぶ意欲の欠如による注意散漫や、悪意に基づく授

業妨害などの「反抗の働きかけ」は、認め難いことが明白なので、教師はそれに巻き込まれずに、距離を置いて何らかの指導を行います。しかしながら、例えば生徒の、「先生、髪切ったの？」「先生、昨日の○○のドラマ、見た？」などの「馴れ合いの働きかけ」は、教師との関係を拒絶するものではなく、むしろ甘えや依存等の心理から関係を求めるものであり、しかも愛嬌や親しみを添えて発せられるものです。ですから、ほどよい距離を取ってバウンダリー（関係性における必要な境界）を見失わないことを意識しておかないと、教師は「馴れ合いの働きかけ」に簡単に巻き込まれてしまう危険性があります。そして、生徒の「優しく、仲良く、楽しく、居心地が良い」というぬるま湯的な雰囲気にひとたび絡めとられてしまうと、「この先生は引きこめる」と認識した生徒の「馴れ合いの働きかけ」は際限なく続き、「厳しく、礼節をわきまえ、真剣に、たとえつらくても」という適度な緊張感のある雰囲気に戻すことは極めて難しくなります（阿形，2021a）。

　しかし、かといって、先に述べたように心理的距離を置くことにこだわりすぎて、常に仏頂面で頑なに「一切巻き込まれない」姿勢を堅持すればよいというわけでもありません。心理的距離は、これが正解だという定型があるわけではなく、教師によっても異なるでしょうし、同じ教師でも児童生徒によって異なるでしょうし、同じ児童生徒でも状況によって異なるものです。ですから、教師−児童生徒の距離の問題は、遠すぎると交流が成立せず、近すぎると役割として必要なバウンダリーを見失うというジレンマの中で、日々、模索していくべき、教育の永遠のテーマだと思います。

5. 学習指導における教師と児童生徒との関係性

　校長は、教職員に対する人事考課を通じて教職員の授業や分掌業務等に係る評価・育成に取り組みます。筆者も、校長を務めていた際に、先生方の授業を参観して授業評価を行いました。そして、個々の先生方に授業の感想と助言をまとめた個票を渡すとともに、印象に残った授業の優れた特徴やスタイルを冊子「授業のさらなる充実に向けて」にまとめ、全教職員に配付しました。

　この冊子では、授業のポイントについて先生方に提言しましたが、授業開始時のポイントは「授業を受ける態勢の促し」です。教師にとっての授業時間割の進行は、自分の専門の教科の指導を展開していくことであり、例えば国語科の先生であれば

第5部 「問題」に取り組む

「国語パターン」の「精神構造」で、一日の時間が経過していきます。しかしながら、生徒にとっての授業時間割の進行は、「理系科目と文系科目」「座学と実技・実習・実験」など質の違う学びが、10分の休み時間を挟んで次々と展開していきます。ですから、授業開始時の指導は、休み時間で弛緩した雰囲気を引き締めるためだけではなく、前の時間の授業のイメージや思考パターンなどと一線を画して切り替えさせるためにも重要です。そして、メリハリのある節目を示す「始まりの儀式」によって、馴れ合いの雰囲気とは一線を画するのです。

　教師の「始まりの儀式」は人それぞれで、「起立、礼」の際に「気をつけ」の号令までかけて引き締まった態度への瞬時の切り替えを求める先生もいる一方で、「起立、礼」は行わず、最初に「いつもの世間話」と称して最近の出来事についての雑談を（演者への「慣れ」や「噺の前ふり」の意味を持つ落語の「まくら」のように）行ったうえで、徐々に授業モードへ持っていく先生もいました。このように、教師は、自身の持ち味や強みを生かした「始まりの儀式」を工夫することで、その先生特有の児童生徒との関係性を展開していくのです。

　授業が始まってからのポイントは、「学力伸長のための適切な負荷がかかる関係性を通じての指導」です。負荷が強すぎると「わからない授業」になり、負荷が弱すぎても「手応えのない授業」になるので、児童生徒の学力状況に適合した負荷がかかる授業レベルになっているかどうかが重要なポイントになります。

　板書も単なる教授技術ではありません。ある先生は、最初に黒板を念入りに消したうえで、非常に丁寧に板書していました。教師の「丁寧」「几帳面」は、生徒にも何らかの形で「伝染」するものだと思います（逆もまた真なり）。また、ある先生は、生徒が黒板に解答を書くときも、座標やグラフが少しでもいびつであると正確に書き直すように指示していました。図形やグラフなどの「正確さ」「美しさ」にこだわることは、数学のセンスを磨くうえでも重要でしょうし、より普遍的に言えば、それは、学問の論理や体系の「正確さ」「美しさ」にも通じているのではないでしょうか。さらに、ある先生は、指で挟んだチョークの掌の外側の部分で板書しながら顔は生徒のほうに向けて説明するという「裏書き」のすご技を持っていました。説明するときは、伝えたい相手である生徒に、たとえ板書中であっても少しでも顔を向けて説明するのだという姿勢が感じられました。

　授業の展開に当たっては、教師は「児童生徒がわかりやすいように」という気配り

から「平易な説明」を試みることがありますが、「論理の単純化」は「学習内容がシンプルに整理される」一方で、「学習内容の多義性(豊かさ・広がりなど)を失う」という二面性を持ち、「くだけた表現」は「学習内容への親しみやすさを醸成する」一方で「学習内容の崇高性(深さ・尊さなど)を失う」という二面性を持っています。そして、マイナス面が大きくなると、生徒も巻き込まれている「おもしろさを優先しシリアスなテーマを茶化す」という世俗的な文化状況に、教師までもが取り込まれてしまう危険性があります。高校教諭時代の筆者の専門は社会科(日本史)でしたが、若い頃には、例えば卑弥呼について「要は、邪馬台国の卑弥呼さんは、体育祭の応援団リーダーみたいなもので、縦割りの各クラスにはそれぞれ代表がいるけども、全体として束ねていたのが応援団リーダーだったように、それぞれ王さまがいる30ほどの小国を全体として束ねていたのが卑弥呼だったんだ」というような説明をしていたように思います。しかし、それでは、邪馬台国やヤマト政権の単元のテーマである「日本の国(統一国家)はいつ成立したのか」という歴史上の重要な問題を「学校行事」(それはそれとして重要ではありますが……)にたとえることで、結果的に「聖」の話と「俗」の話が結合してしまい、歴史学の多義性・崇高性が失われてしまいます。ちなみに、教科書には「諸国は共同して邪馬台国の女王卑弥呼を立てたところ、ようやく騒乱はおさまり、ここに邪馬台国を中心とする30国ばかりの小国の連合が生まれた」と記述されていますが、教科書などのスタンダードな文章は、やはりよく練られたもので基本になるものだと思います。

　先に、教師と児童生徒との距離は「遠すぎず近すぎず」の観点から模索することが重要だと述べました。学習指導における教師と児童生徒との関係性も、教師には「張り詰めた雰囲気、抑制・静粛・集中・緊張・委縮」と「伸びやかな雰囲気、開放・快活・余裕・緩和・放縦」の狭間で揺れながら、自身の身の丈に合ったほどよいあり方を探っていく姿勢が求められます。授業は、例えば35人の児童生徒に対して教師が1人という「35対1」の構造で行われるものです。ですから、「マイノリティ」の教師が児童生徒の文化・状況・レベルに巻き込まれずに、ほどよい距離を保つことは容易なことではありませんが、それを可能にするのは、児童生徒(の成長)に関心を持つ教育者としての「愛」なのではないでしょうか。

第5部　「問題」に取り組む

36章 懲戒と体罰

1. 懲戒とは

　懲戒は、「懲（こらしめる）」と「戒（いましめる）」が合わさった言葉で、一般的には不正や義務違反等に対する制裁として行われる不利益処分を意味します。企業の従業員や公務員に対する懲戒は「懲戒処分」とも呼ばれ、公立学校の教員等の公務員に対する懲戒処分には、戒告、減給、停職、免職があります。

　一方、学校教育においては、教師は懲戒という言葉を使うこともありますが、児童生徒の間ではほとんど使われず、例えば高校生が暴力行為や喫煙等によって受ける懲戒も生徒自身は「処分を受けた」等と言うことが多いです。しかし、筆者（阿形）の同僚だったある生徒指導主事が、懲戒も学校教育における指導の一環だということにこだわって「懲戒指導」という言葉を使っていましたが、企業等における「懲戒処分」と学校教育における「懲戒指導」には大きな違いがあります。「懲戒処分」は企業等の円滑な運営や秩序を維持する目的で懲罰によって義務違反等を抑える「応報的」な意味合いが強いですが、「懲戒指導」には学校の秩序維持だけではなく対象の児童生徒の内省や成長を図ることを目的とする「修復的」な意味合いも含まれています（25章の「応報的正義と関係修復的正義」参照）。

　学校教育法第11条（児童、生徒等の懲戒）に、「校長及び教員は、教育上必要があると認めるときは、文部科学大臣の定めるところにより、児童、生徒及び学生に懲戒を加えることができる。ただし、体罰を加えることはできない」と定められているように、学校教育における懲戒は、児童生徒の自己教育力や規範意識の育成等のために「教育上必要があると認めるとき」に行われるものです。また、旧生徒指導提要には、校則に違反した児童生徒に対する懲戒等の措置をとる場合、問題の背景など児童生徒の個々の事情にも十分に留意し、当該措置が単なる制裁的な処分にとどまることなく、その後の指導のあり方も含めて、児童生徒の内省を促し、主体的・自律的に行動することができるようにするなど、教育的効果を持つものとなるよう配慮しなければならないと示されていました（文部科学省, 2010）。ちなみに、学校教育法第35条に

148

定められている出席停止の制度は、「本人に対する懲戒という観点からではなく、学校の秩序を維持し、他の児童生徒の義務教育を受ける権利を保障するという観点から設けられた制度である」（文部科学省, 2001）と示されているように、当該児童の内省や成長を図ることが趣旨ではないので、懲戒という観点による制度ではないわけです。

　刑務所等に収容されている受刑者の育成や精神的救済を目的に活動を行っている宗教教誨師の知人から聞いた話ですが、彼は、「こんな痛い目にあったから、もう悪いことはしない」と言う受刑者に対し、こう話しかけたそうです。

　「痛い目にあったから……というような考え方では、出所したときに、あなたが『この人は間違っている』と思った人を変えるために相手を痛い目に合わせるような人間になってしまうのではないか？　大切なのは『痛い目にあった』ではなく、刑務所の中で『何を見たか』ではないか？」

　この教誨師の言葉に象徴されているような「育成」「成長支援」の観点に立つならば、例えば停学を命じられた高校生が「外出もできず友人との接触も禁じられてつらい目にあったので反省してます」と言っても、教師には、「これに懲りて二度とするんじゃないぞ」ではなく、「大事なのは『つらい目にあった』ではなく、停学期間中に君が『何を考えたのか』ではないか」というような対応が求められるでしょう。

2. 自己指導能力の育成

　「メッキは剥げる」。これは、教育における児童生徒の学びや成長を考えるうえで大切な道しるべとなる言葉だと思います。

　メッキの輝きは、内部で形づくられたものが表面に現われたものではなく、外部から表面だけに施されたものです。ですから、薄い表面の膜が剥がれ落ちると、たちまちその輝きは失われてしまいます。教育におけるメッキ的な指導とは、伝達、注入、教え込み、指図、さらには誘導、洗脳、強制、統制などのイメージを伴う指導です。そして、そのよう指導は、いつかは剥げる可能性があることに留意すべきです。懲戒に際しても、教師は、メッキ的な指導になってはいないかを検証する必要があります。

　生徒指導提要（改訂版）には、生徒指導とは「児童生徒が、社会の中で自分らしく生きることができる存在へと、自発的・主体的に成長や発達する過程を支える教育活

第5部 「問題」に取り組む

動」であり、児童生徒が「自己に内在しているよさや可能性に自ら気付き、引き出し、伸ばすと同時に、社会生活で必要となる社会的資質・能力を身に付けることを支える働き（機能）」であると示されています。さらに、生徒指導の目的について、「児童生徒が、主体的に問題や課題を発見し、自己の目標を選択・設定して、自発的、自律的、かつ、他者の主体性を尊重しながら、自らの行動を決断し、実行する力、すなわち、『自己指導能力』を獲得することが目指されます」と書かれています。

　このような考え方は、端的に、「させる生徒指導から支える生徒指導へ」と表現されることもありますが、懲戒においても忘れてはいけない視点です。

3. 体罰の禁止

　学校教育法第11条に、校長及び教員は懲戒を加えることができるが、「体罰を加えることはできない」と示されているように、日本の学校教育では体罰は法的に禁止されています。

　しかしながら、教師に対して保護者が「うちの子が間違ったことをしたら遠慮せずひっぱたいてでも指導してください」と求めることも少なからずあり、「嫌いな先生からビンタされれば"暴力"となるが、好きな先生からビンタされれば"喜び"となる」「子どもが走り回って授業にならない。ちょっと叱って頭でもコツンとしようものなら、やれ体罰だと叫んでくる。これで赤の他人の先生が教育をできるか」というようなタレントや首長の意見が一定の支持を集めたりします。このように、法的には体罰は禁止されているにもかかわらず、体罰肯定論が生まれることについて、以下、3点の理由（阿形, 2021b）を考えてみたいと思います。

　1点めの理由として考えられるのは、子どものしつけ、とりわけ反抗期の子どもにかかわる際にお手上げ状態に陥った保護者が、すがる思いで教師に「ひっぱたいてでも……」と願っていることの表れではないかということです。しかし、たとえそうだとしても、体罰はさまざまな問題をはらんでおり、「保護者の要望」が体罰正当化の根拠になるわけではありません。

　2点めの理由として考えられるのは、「優しさ志向への反発」です。例えば近年は、児童生徒を「認める」「褒める」ことを通して落ち着いた学校づくり、活気のある学校づくりを進めている実践例も見られます。このような取り組みの意義は大きいです

が、教育においては、「褒める」とともに「叱る」も重要であることは言うまでもありません。「力愛不二」(愛のない力は暴力であり、力のない愛は無力である)の視点から考えると、近年の風潮は「愛」に偏り「力」を軽んじているというとらえ方も一理あるように思えます(ただし、だからと言って「子どもは甘やかしてはダメだ」というような単純な「厳しさ志向」に共感を覚えるわけでもありませんが……)。「優しさ志向」は、厳しい姿勢で子どもと向き合う(対決する)という点での大人(親・教師)の弱さを不問にします。そして、大人のそんな及び腰を見抜いた子どもや若者が「体罰否定論」に反発しているのかもしれません。もっとも、例えば学園ドラマの熱血先生に感動した視聴者は、決して体罰に感動したわけではなく、本気の教師に心を揺さぶられたのだと思います。彼らは「体罰」を求めているのではなく「教師の本気」を求めているのです。

　3点めの理由として考えられるのは、「昔の教育へのノスタルジー」ではないでしょうか。「昔の先生は、愛の鞭も惜しまず、もっと威厳があった」というような年配の方の声を耳にすることがあります。けれども、昔の教師が体罰も容認され厳格であり得たのは、学校の先生が現代よりもはるかに社会的に一目置かれていた(強い立場にあった)時代だったからだと筆者は思います。それは、昔の父親が厳格であり得たのが、家父長制に基づく旧民法の価値観にあったことと同じだと思います。さらに、「昔は体罰は認められていた」というのは誤解で、「学校ニ於テハ、生徒ニ体罰ヲ加フヘカラス」(1879年、教育令第46条)、「体罰ヲ加フルコトヲ得ス」(1900年、第三次小学校令第47条)等のように、戦前から現在に至るまで、日本の学校教育においては一貫して体罰は法的に禁止されています。

4. 体罰の類型

　体罰が法的に禁止されていることを知らない教師はいないでしょう。にもかかわらず、体罰事案が起きるのはなぜでしょうか。その理由を、①粗暴型、②頑迷型、③不安型、④激昂型、⑤熱血型の5類型に体罰を分けて考えてみます。

　①粗暴型の体罰とは、暴力的なパーソナリティの教師による体罰です。自身の感情をコントロールする自制心を欠く「キレやすい」教師による体罰です。

　教師も人間ですから、児童生徒に対して苛立ちや怒りの感情が生じることは当然あります。しかし、だからと言って、感情の赴くままに暴力を振るってよいわけがあ

りません。このタイプの人は、どんな職業においても容認されるものではなく、行動パターンの変容のための研修（場合によれば治療）を受ける必要があります。

②頑迷型の体罰とは、力による支配を信奉する頑迷な教師による体罰です。「力のない愛は無力である」という考え方に固執し、「愛のない力は暴力である」という考え方に思い至らない教師による体罰です。

「ダメなものはダメ」という毅然とした姿勢が必要とされることは確かにあります。会津藩の「什の掟」では、「ならぬことはならぬもの」として、うそを言うことや弱い者をいじめることなどが挙げられており、福島県の学校教育では、現在でもこれをモデルにした教訓が活用されています。しかし、「ダメなものはダメ」という信念に凝り固まってしまった教師は、児童生徒とかかわる際の自分のあり方を考え直す姿勢を欠き、自身の頑迷さを「児童生徒に厳しく接する信念」の問題にすり替えて体罰を正当化し、体罰を行うことに罪悪感を持たなくなってしまいます。このタイプの人は、今一度、児童生徒の成長に関与する教師のかかわりのあり方等について研鑽を積み、自身の教育論・教育哲学を編み直していく必要があります。

ある中学校の先生が、初めて担任になったときに、うまく褒めることができず、うまく叱ることもできず、信頼している先輩の先生に「自分は教師に向いていないようです」と相談しました。すると、その先輩の先生は、「よし、第一関門クリアやな」と返し、「『私はバッチリ』『私は間違っていない』というような先生に担任されたら子どもが不幸」と言ったそうです。近年よく見られる独善的・強権的な為政者は、立法権や行政権の「権」を「権利」だと勘違いしているように思えることがあります。しかし、権力分立論が示しているように、立法権や行政権の「権」は「権利」ではなく「権限」「権力」です。であるならば、為政者には、権力行使・権力発動が民の権利を損うことはないか、という点に留意する自制心と謙虚さが常に求められるはずです。教師の教育権も同じだと考えられます。臨床的な教師像とは、「不動心」「一貫性」等にこだわり自信満々に指導に当たる教師ではなく、時には「向いていないかも……」と揺れながらも日々の実践の中で自らの姿勢や児童生徒との関係性を省察していく教師ではないかと思います。

③不安型の体罰とは、児童生徒を指導することに自信を持てず不安を感じているがゆえに虚勢を張ってしまう教師による体罰です。経験豊富な先輩教員の存在感や指導力を見習いたいと思い「なめられてはいけない」と考える教師による体罰です。

若い先生は、親しみやすいお姉さん・お兄さん的存在として児童生徒から慕われるものですが、それは、35章で述べたように「児童生徒との心理的距離が近すぎて馴れ合いの関係に陥る危険性」とも表裏一体です。そのことに無自覚では困るわけですが、一方で不自然に距離をとろうとすることも、体罰を含むハラスメント的な指導につながってしまう場合があります。このタイプは、優れた指導力を身につけたいと考える真面目な人なので、管理職やベテランの教師は、本人の「こうありたい」という願いは認めつつ、身の丈に合った無理のない歩幅で、少しずつあせらずに指導力を深めていけばよいと助言しサポートする必要があります。

④激昂型の体罰とは、自身の教育者としての理念の核心に触れる問題に直面した際に不意に感情が高ぶってしまった教師による体罰です。周囲からは「どうしてあの先生がそこまで……」と思われるような、普段は良識的な教師による体罰です。

以前に新聞で、ある小学校の校長先生が、掃除をさぼっている児童に注意したところ、児童が素直な態度をとらなかったので、その児童に床を舐めるように命じたため懲戒処分を受けたという記事が載っていました。記事にはそれ以上の詳細は書かれていませんでしたが、「床を舐めさせる」指導が不適切であることくらいは冷静に考えれば誰でもわかるはずですから、きっと児童の態度に激昂して反応してしまったのでしょう。この校長先生は、ひょっとしたら、幼いときから真面目で誠実な人柄で、親や先生からも褒められて育ち、自身が教師になってからも、道徳の内容項目で言えば「遵法精神・公徳心」等を育むことを教育者としての理念の核に置いていたのかもしれません。だからこそ、掃除当番を真面目に行いなさいという当然の指導に対して児童が人を食ったような態度をとった瞬間に我を忘れて反応してしまったのではないかと思います。

激昂型は先に述べた頑迷型と似た側面もありますが、何でもかんでも強権的な指導を繰り返す頑迷型とは異なり、激昂型の先生は、優しさの意味も厳しさの意味も理解し普段はバランスのとれた対応を行っています。しかし、ことが自身の理念の核心にかかわる場合に、柔軟な対応ができなくなるのです。このタイプは、頑迷型とは違って、根底にある信条・理念は決して間違っているわけではありません。けれども、例えば真面目・誠実等を最終の到達目標に据えるとしても、児童生徒の成長のプロセスにおいては不真面目・不誠実という「悪の経験」も何らかの意味があるものであり、時間をかけて根気強く指導していくこと重要です。そのような観点から、

第5部　「問題」に取り組む

「あってはならない」と激昂することがないように、自身の理念を問い直しさらに深めていく作業に取り組むことが、このタイプの先生には求められます。

⑤熱血型の体罰とは、情熱的な指導で児童生徒と一定の関係性を築いている教師による体罰です。師弟関係が深まる中で児童生徒とのバウンダリー（境界）を見失い関係性を検証する姿勢を欠いてしまった教師による体罰で、運動部の指導等で起きやすいものです。

藤岡（2008）は、子どもに対する親の虐待、妻に対する夫のドメスティック・バイオレンス、部下に対する上司のパワハラやセクハラ、児童生徒に対する担任・部顧問の体罰など、何らかの意味で関係性がある中で起きる暴力を「関係性における暴力」と呼び、見知らぬ他人の犯罪・非行と区別すべきであると指摘しています。なぜならば、関係性における暴力は、それらの関係性が必ずしも暴力ばかりではなく、親しさや相互依存などとより分けるのが不可能な関係性をも包含しているからであると述べています。

児童生徒は一般的に、自分たちに無関心な冷めた教師ではなく、熱心な教師に信頼を寄せるものです。熱血型の教師は、その熱意によって、児童生徒と一定の信頼関係を築いていきます。しかしながら、関係性ができていく中で、児童生徒を「つかんだ」「手のひらに乗せた」などの言葉に象徴されるように自身の指導を過信し、児童生徒が疑問を感じ始めても「いけている」と思い込み、徐々に関係性におけるズレが生じ始めることがあります。そして、そのようなズレに気づいていない教師は、たとえ教え子ではあっても侵してはいけないバウンダリー（境界）に無頓着になり、「どうしてオレの言うことが聞けないんだ」と体罰に至ることがあるのです。熱心であること自体は悪いことではないので、このタイプの教師は、熱心であれば厳しい指導も許されると考えている場合がありますが、熱意のあり方によっては、児童生徒の敬意はやがて不信に変わり、変わらぬ熱血指導によって精神的に大きなダメージを与えてしまうことを理解する必要があります。

5. 外国の体罰

筆者は「日本では体罰はない」と話すことがあります。決して奇をてらって言っているわけではないので、その意味を説明したいと思います。

36章　懲戒と体罰

　日本では法的に体罰は禁止されていますが、外国では体罰が認められている国も
あります。例えば、アメリカでは教育は州の専権事項なので、体罰を禁じる州と許
容する州が混在しています。1980年代後半から90年代前半に体罰を廃止する州が増
えてきましたが、現在でもテキサス州やミシシッピー州等、南部の州では体罰が認
められています。また、イギリスでも、体罰に関する法制度をヨーロッパ人権条約
違反とした1992年のヨーロッパ人権裁判所の判決を受け、1986年に制定された教育
法（第二）で体罰は法的に禁止されましたが、それまでは学校教育において伝統的に鞭
による体罰が行われていました。

　ただし、体罰が認められていた場合も、ケーン（細長い鞭）やパドル（体罰板）等で何回
打つかということは、事前に慎重に議論を尽くしたうえで決められていました。さら
に、体罰を行う際には、体罰が過度で場当たり的・恣意的なものにならないよう、次
のように厳しい条件が課せられていました（上原, 1993）。

＊人前では行わない。
＊罰室と呼ばれる特別の部屋で行う。
＊第三者の立ち合いを求める。
＊体罰簿に記録する。
＊女生徒に対する体罰は特に差し控える。
＊女生徒に対する体罰は女性教師が行う。
＊幼少の者の体罰を禁止する。

　一方、制度的に体罰が認められていない日本の学校においてなされる体罰がこれ
らの条件を満たしていないことは明白です。つまり、体罰禁止国である日本で発生
する体罰は、一教員の判断に委ねられ、歯止めのない状況で行われるので、過度で
場当たり的・恣意的になる危険性を常に伴うのです。したがって、日本で「体罰」と
称されているものは、たとえ結果的に一定の教育的効果があったとしても、コント
ロールされた制度としての体罰ではありません。だからこそ、筆者は、「日本では体
罰はない（すべて暴力である）」ととらえるべきであると考えているのです。

155

第5部　「問題」に取り組む

6. スポーツ・ハラスメント

先に「熱血型の体罰」について述べましたが、これは、部活動の運動部における指導をはじめ、スポーツの指導においてもしばしば発生するものです。

2010年前後から、相撲部屋での指導や大学・社会人の柔道選手に対する指導における暴力が明るみにされ、さらに2012年の大阪の高校バスケットボール部の部員の自殺事案が大きな社会問題となる中で、公益財団法人の日本体育協会、日本オリンピック委員会、日本障害者スポーツ協会、全国高等学校体育連盟、日本中学校体育連盟等は2013年に「暴力行為根絶宣言」を発表しました。宣言では、暴力行為による強制と服従では優れた競技者や強いチームの育成が図れないことを指導者は認識し、暴力行為が指導における必要悪という誤った考えを捨て去るべきであると示されています。さらに、指導者は、スポーツを行う者のニーズや資質を考慮し、スポーツを行う者自らが考え、判断することのできる能力の育成に努力し、信頼関係の下、常にスポーツを行う者とのコミュニケーションを図ることに努める必要があると指摘されています。ここに書かれている「必要悪という誤った考えを捨て去る」「コミュニケーションを図ることに努める」ということは、教育における懲戒と体罰を考えるうえでも大切な視点だと言えます。

こうして、スポーツ・ハラスメント（スポーツ指導における暴力・暴言・差別などのパワーハラスメント）の根絶を図ろうとする動きの中で、2018年に、日本大学のアメリカンフットボールの選手による悪質なタックル事件が発生し、関東学生アメリカンフットボール連盟は、監督やコーチを除名処分にしました。甚大な傷害につながりかねない悪質なタックルについて指示があったかどうかについて、選手と監督・コーチの間では見解の相違がありましたが、連盟は選手の証言の信用性を認めるとともに、「選手を精神的に追い込んでさらに頑張らせ、もう一歩上のレベルまで向上させる」という指導スタイルを好んだ監督についても指導者失格であると判断しました。

1961年に、ナチス親衛隊の中佐としてユダヤ人を収容所に移送していたアドルフ・アイヒマンの責任を問う裁判が行われました。傍聴したユダヤ人の哲学者ハンナ・アーレント（Arendt, H.）は、法廷でのアイヒマンの姿が、残虐な悪人とはほど遠く、思考を停止して自分の仕事を淡々とこなした陳腐で凡庸な人物だったことに驚きます。そして、有名な「悪の陳腐さ」「悪の凡庸さ」という視点、すなわち、悪は思考停

156

止の凡人が作り出すものだということを指摘しました。確かに、ヒトラーやゲッベルスが何を言おうが、ドイツ国民がファシズムに与することなく思考停止に陥らなければ、ホロコーストを防ぐことができたかもしれません。

そういう意味では、悪質タックルを行った日大の選手の思考停止は批判されるべきでしょうし、彼自身も「たとえ、監督やコーチに指示されたとしても、私自身が『やらない』という判断ができずに指示に従って反則行為をしてしまったことが原因である」と述べています。と同時に、単なる一選手の資質の問題ではなく、選手の思考停止を生み出した日大の指導スタイルの問題を、関東学生アメリカンフットボール連盟は指摘したわけです。

この事件がきっかけとなって、道徳の教科書の「星野君の二塁打」をめぐる議論が再燃しました。「星野君の二塁打」の原作は、児童文学者の吉田甲子太郎で、1950年代から小学校の国語の教科書に掲載され、1970年代からは「道徳の時間」の副読本の教材としても使われ、道徳の教科化に伴い2018年度から道徳の教科書にも掲載されました。

少年野球の選手である星野君は、監督から送りバントの指示が出ていたけれども打てそうな気がして、バットを振り、二塁打を打ちました。この星野君の一打がチームを勝利に導き、市の選手権大会 (原作では甲子園での全国中等学校野球大会 [現在の全国高等学校野球大会]) への出場が決まりました。しかし、翌日、監督は、星野君の行動について、「ぼくとの約束を破り、大きく言えば、チームの輪を乱したことになるんだ」「ぼくはチームの約束を破り、輪を乱した者を、そのままにしておくわけにはいかない」と言って、選手権大会への星野君の出場を禁じるという話です。

小学校の授業では、道徳の内容項目の「C 主として集団や社会との関わりに関すること」の「よりよい学校生活、集団生活の充実」や「規則の尊重」について学ぶ教材として扱われます。しかし、寺脇 (2018) は、「先生や学校の人々を敬愛し、みんなで協力し合ってよりよい学級や学校をつくるとともに、様々な集団の中での自分の役割を自覚して集団生活の充実に努めること」を前提に子どもたちに議論させると、「星野君は間違った。悪いことをした」「監督の指示は絶対。それを守らなかった星野君が悪い」という意見が圧倒的に多くなるのは明らかだと述べています。そして、命令や組織の「和」と称される暗黙の決まりが必ずしも正しいとは限らない場合もあるわけで、人生のいかなる場合にも上からの命令に従うべきなのかということについて

第5部　「問題」に取り組む

広い議論ができるかどうかは大いに疑問であると指摘しています。

　ちなみに、教科書では削除されていますが、原作では、監督がキャプテンの大川君に対して、次のように話す場面があります。

　「ぼくが、監督に就任するときに、君たちに話した言葉は、みんなおぼえていてくれるだろうな。ぼくは、君たちがぼくを監督として迎えることに賛成なら就任してもいい。校長からたのまれたというだけのことではいやだ。そうだったろう。大川君。」

　「そのとき、諸君は喜んで、ぼくを迎えてくれるといった。そこで、ぼくは野球部の規則は諸君と相談してきめる、しかし、一たん決めた以上は厳重に守ってもらうことにする。また、試合のときなどに、チームの作戦として決めたことは、これに服従してもらわなければならないという話もした。諸君は、これにも快く賛成してくれた。」

　「星野君の二塁打」は、日本国憲法が公布され教育基本法が施行された1947年に発表された作品です。この時代背景を考えると、原作者が伝えたかったのは、単に「きまりを守る」「指示に従う」こと（ある意味では思考停止）ではなく、「みんなできまりを考える」「決めたきまりはみんなで大切にする」という民主主義的な態度（寺脇, 2018）だと考えられます。

　悪質タックル事件後も、スポーツ指導における暴力が続く中で、近年では、そのような強権的支配・恐怖政治は、選手を委縮させ、忖度と思考停止を生むものであるという考え方が広まりつつあります。

　元バレーボール全日本代表の益子直美は、2015年から、小学生のバレーボールの「監督が怒ってはいけない大会」の開催に取り組んでいます。益子は、「怒る指導」は心の成長を阻止し考える機会を奪うものであり、「根性が足りない」と脱落させる指導ではなく、「スポーツは楽しい」と思えて、自ら考えて行動し継続できるような環境にしてほしいと考えてこのような大会を始めたそうです。「怒りを手放しても勝利と育成が手に入る方法が絶対にあるはず」という益子の言葉は、教育における指導のあり方を考えるうえでも大切な道しるべになるでしょう。

7.　叱責の意味

　懲戒には、校長が行う停学・退学などの「法的効果を伴う懲戒」と、校長や教員が

叱責したり起立させたりする「事実行為としての懲戒」がありますが、先に述べたように、懲戒の目的は当該児童の内省や成長を図ることです。そのことがよくわかる、学生Aのレポートに書かれていた叱責されたエピソードを紹介します。

Aは、中学校ではテニス部に所属していました。顧問は、熱心で厳しさの中に優しさもある先生で、入部する生徒のほとんどが中学からテニスを始めた生徒であるにもかかわらず、何度も地方大会や全国大会に出たことがある強豪校でした。

Aが入部した年に、部内で一人の部員に対する忌避・悪口などのいじめが起きました。部員はほとんどがいじめに関与しており、Aもいじめる側の一人でした。

いじめられていた生徒は顧問に相談し、顧問は部員を集めてミーティングを開きました。部員が順に手を挙げて自分のいじめ行為を正直に話し謝る中で、Aは手を挙げることができず黙っていました。最後になってAの番が回ってきましたが、Aは何も言うことができずにいました。すると、ずっと黙り込んでいるAを見て、顧問は初めて大きな声で「自分を超えろ！」と叱りました。そう言われた瞬間、Aは涙が止まらなくなり、自分の行為を語ったそうです。

「正直に言え！」という叱責によって語ったのであれば、隠そうとした「卑怯」なAが浮き彫りになります。しかし「自分を超えろ！」という叱責によって語ったのであれば、真実を示そうとする「誠実」なAが浮き彫りになります。ちょっとした言葉の違いのようですが、生徒の内省・成長を図るという観点からすると天地ほどの差があります。だからこそAは、「本当に生徒の心の核に訴えかけ、響かせるような魂のこもった指導だったと今でも思う」と振り返っているのです。

〈教育相談の進め方〉

第5部 「問題」に取り組む

37章 教師モードとカウンセラーモード

　学校臨床力を具体的に考えるうえで、1章では厳格性と受容性の両面のバランスが大切になることを述べました。この章では、「教師モード」と「カウンセラーモード」という観点から検討します。

1. 教師とカウンセラーの違い

　教師とカウンセラーには、共通点もありますが、相違点もあります。ここでは両者の違いを見てみましょう。

（1）教師モード

　教師は集団場面と個別場面の両方で子どもにかかわりますが、基本は教室で授業を行うように、子ども集団に働きかけることと言えます。教壇の前に立ち、子どもたちの注意を集め、授業に意欲を持たせるように、話しかけ、説明し、問いを発します。わかりやすいパフォーマンスが必要となりますし、タイプはさまざまであれ、集団をまとめていくためのリーダーシップが必要です。

　授業以外でも、行事などの特別活動やクラブ活動を通じて、子どもたちのエネルギーを集約し、共に支え合い協働する体験を目指すのが大きな役割です。つまり、能動的・積極的な働きかけが教師には求められることが多く、これを「教師モード」と名づけることにします。教師モードでは、子どもの持っている可能性を引き出し、積極的に伸ばそうと働きかけます。こうした姿勢は、集団だけでなく、個人として子どもにかかわる場合にも表れやすいと言えます。

（2）カウンセラーモード

　他方、カウンセラーは、相談に来るクライエント（来談者：子どもの場合も大人の場合もあります）と個別に会って面談するスタイルが基本となります（グループ、集団療法という面接形態もあります）。

37章　教師モードとカウンセラーモード

　クライエントが何に困っているのかを傾聴し、質問をしたり、時に心理テストを用いたりしながら見立てを行い、困っていることを見極め、その成長に役立つために、30分から60分ほどの面接を、例えば週に1回といったペースで行います。38章で紹介するように、立場によってかかわり方は異なりますが、いわゆるカウンセリングや精神分析的な心理療法では、クライエントの話や表現をできるだけ尊重して理解しようとします。

　教師モードと比較してみると、カウンセラーは自分が前に立つのではなく、受け身的なスタンスが基本です。授業のように、カウンセラーがあらかじめ準備していた内容を行うのではなく、クライエントの歩調に合わせながら、新たな成長への変化を待つ姿勢と言えます。こうした姿勢を「カウンセラーモード」と呼ぶことにします。

(3) 2つのモードの使い分け

　「モード」という言い方をしたのは、普段自分がどういう姿勢で子どもや保護者に接しているかを意識するためです。ひょっとすると、習い性になってしまい、他の接し方ができにくくなっているかもしれません（Column4も参照してください）。どちらが正しい接し方というのではなく、時と場合によってかかわる姿勢を意識し、変えてみるのも大切だろうということです。学校臨床力には、こうした臨機応変に柔軟なかかわり方ができることが求められます。

2. カウンセラーモードのポイント

　教師が子どもや保護者から相談を受けることがあります。勉強がうまくできなかったり、友人関係に悩んでいたり、家族のことで胸を痛めていたり、進路に迷っているかもしれません。面と向かって相談したいということもあれば、普段の何気ない会話や、連絡ノートなどの間接的なやり取りの中で、教師にメッセージやSOSを発信していることもあります。

　この子は何か自分に相談したいことがあるのかもしれない、と教師が思うなら、いつもの「明るく元気でよく動く」教師もよいのですが、カウンセラーモードを意識してみることが役立つかもしれません。具体的にどのようなことに留意するのかを表6

163

第5部 「問題」に取り組む

にまとめてみます。

表6　カウンセラーモードのポイント

> ① 面接ができることの意義・可能性への期待を持つ
> ② 結論を急がない＝「あいまいさ」に耐える
> ③ 控えめでいる
> ④ 一見些細なことも尊重して関心を持つ
> ⑤ 相手の体験を確かめる（共感の姿勢）
> ⑥ 最後にこちらの理解したことを伝える

　①は、いつも顔を合わせている子どもかもしれませんが、教師である自分に何か言いたそうなら、そういう瞬間が生じたことを大切に思って会うということです。面接というのは、形式張ったことではなく、廊下ですれ違いざまのちょっとした会話も含めて考えてください。

　②は、忙しい教師からすると難しいかもしれません。テキパキとこなしていくことで日常の仕事が何とか回っているので、「これはこう」と片づけたくなるかもしれませんが、他者の相談を受けるには、すぐに決めつけないことが肝心です。

　③は、相談をしたいのは子どもや保護者ですので、教師が自分の意見や経験を話したくなっても、それはいったん控えようということです。教師が話をしてはいけないのではありません。しかし、普段のように「先生はこう思うし、こうやってみたらいい」と能動的になるのをセーブして、相手が自由に表現する「余地」を提供しようということです。

　④は、例えば、どうでもよさそうな動画やゲームの話を子どもがするかもしれません。しかし、教師である自分にわざわざ話をしているのなら、「他者にかかわりたい」という思いをその子が持っているのかもしれません。あるいは、その他に話したいことがあるのかもしれません。

　⑤は、話を聞いていて、そのときに相手がどんな気持ちになっていたかを確かめるのは、とても大切な聞き方であるということです。例えば、子どもが両親の夫婦喧嘩について話をしたとします。それは怖かっただろうと教師は思うかもしれませんが、「そのとき、あなたはどんな気持ちだった？」と聞いて初めて、珍しく両親が喧嘩にしろ真剣な話し合いをしたことに、子どもは驚き、それを教師に伝えたかった

のがわかるかもしれません。

　⑥は、自分の話を教師がどのように受け取ったのかが、フィードバックされることになります。「先生は自分の話をちゃんと聞いてくれた」ということが伝わることは、他者から受けとめられている体験になります。また、フィードバックされることで、子どもが自分に起こった出来事を改めて見直すことができるかもしれません。あるいは、2人の間で誤解やズレが起こっていることがはっきりするかもしれません。

3. カウンセリングの基本的な枠組み

　こうしたカウンセラーモードに加えて、さらに、よりカウンセリング的なかかわりを継続する必要がある場合、例えば、不登校の子どもに家庭訪問して会うような場合は、次の①〜③のカウンセリングの「基本的な枠組み」を知っておくことも有効でしょう。枠があることで、逆説的に自由さが生まれる面がありますし、枠という限界があることで、お互いが守られるという意味もあります。

① 時間の枠組み：カウンセリングでは、どれくらいの時間、話を聞けるかを相手にわかるようにすることが大切で、教師の場合も同様です。集中力が保てる限界が人にはありますし、時間を区切りつつ、継続的にかかわりを続けることが大切です。不登校の子どもの家庭訪問なら、その訪問ペースも大事な要素です。

② 場所の枠組み：落ち着いて話ができる「場」を提供することは、居場所感や安心感を相手に生み出します。学校の中なら他の人もいる場か相談室のような部屋なのか、家庭訪問なら本人以外の家族がいるのか、本人の部屋か居間なのかといったことを意識し、話を聞くのにどれくらい適切な「場」であるかの判断が必要です。

③ 面接者という枠組み：相談する子どもや保護者にとって、担任はやはり「評価者」です。成績や内申書に響くと思えば、マイナスなことは言いにくくなるでしょう。担任、部活の顧問、生徒指導担当、教育相談担当などの立場によって、「自分が子ども・保護者にとって何者なのか」が変わることも考えておきたいところです。

第5部　「問題」に取り組む

38章 カウンセリング・心理療法の種類と技法

　カウンセリングや心理療法には、いくつかの種類があります。この章では、①クライエント（来談者）中心療法、②精神分析療法、③ユングの分析心理学、④行動療法・認知行動療法、という代表的な4つのアプローチを見ようと思います。しかし、その前に、カウンセリングと宗教との関連についてまず検討します。

1. カウンセリングのルーツは宗教

　自然科学や医学が現代のように発展する以前は、病気も含め心身の苦しみは、神にすがって助けてもらうのが人間の歴史だったと言えます。生きる苦しみにさらされながら、何のために生きるのか、何を希望に生きるのか、と人は日々の生活の中で思わざるを得なかったと言えます。宗教はそうした問いに答えを与えるものとして生まれてきました。神に願いをかけたり、儀式を執り行ったりする中で、心身の苦しみに対する癒しを人は求めてきました。そうした宗教行為には、必ずとは言えないにしても、実際に治療効果がありました。臨床心理学的に見ると、これは人が潜在的に持つ「自己治癒力」が働きやすい状況がつくられ、患者が一心に神を信じることで、その効果が高められたと考えられます。

　カウンセリングは、近代や現代の合理的な考え方に基づいていますが、その源流は宗教にあります。心とは誰もが体験的に知っているように、自然科学的に常に割り切れるものではありません。こうした背景があるため、心理療法にはいくつかの立場や学派が生まれることになりました（河合, 1986）。

2. 4つのアプローチ

（1）クライエント（来談者）中心療法

　クライエント中心療法は、アメリカの心理学者であるロジャーズ（Rogers, C.R.：1902〜1982）が創始したもので、いわゆる「カウンセリング」と呼ばれているのは、彼の考

え方がさまざまな分野に普及したものです。ロジャーズが活躍したのは20世紀の中頃ですが、当時のアメリカでは、次に紹介する精神分析療法が精神医学で中心的な存在でした。それに対して、ロジャーズは、医者以外の心理や看護や教育といった援助職の人が使える、新たな心理療法の考え方を提唱しました。

　彼の考え方の中心となるのが、心理療法が進展するためにカウンセラーに求められる3つの条件で、①無条件の積極的関心、②純粋性／自己一致、③共感的理解という条件がそろうことです。それらによって、クライエントの自己受容が進み、有機体として持っている自己実現の可能性が動き出すとロジャーズは考えました。①無条件の積極的関心は、カウンセラーがクライエントに対して、何か条件をつけることなく注意・関心を向けることです。②純粋性／自己一致は、カウンセラーがクライエントと共にいて、その場で感じたことと言動をできるだけ一致させることです。そして③共感的理解は、頭でわかるだけでなく、クライエントの気持ちを感じながら相手を理解することです。「共感」については51章も参照してください。

（2）精神分析療法

　精神分析療法は、オーストリアの精神科医であるフロイト（Freud, S.：1856〜1939）が創始した心理療法です。（1）のクライエント中心療法よりも前に誕生しています。人の性・性欲に焦点を当てて、人の心を探究しました。そのため、一つの心理療法であるだけでなく、20世紀初頭の文学や芸術など広い分野に影響を及ぼしました。

　精神分析は、「自由連想」という心の中で思いついた連想をできるだけそのまま分析者に話す、という方法で行います。しかし、連想は途中でストップする（抵抗が生じる）もので、その理由をクライエントと分析者は共に探索していきます。分析者は、自分の理解を「解釈」としてクライエントに投げかけながら、共に考えていくという作業を続けます。一つの焦点は、子ども時代の親子関係であり、フロイトは幼児期の両親と子どもの三角関係にまつわる葛藤を、ギリシャ神話になぞらえて「エディプス・コンプレックス」と呼びました。

　精神分析療法では、無意識になっている心の葛藤や不安を、できるだけ意識化し、言葉で表現することを重んじます。自我（意識）が自分の無意識をコントロールできるようになることが、治療や発達につながるという考え方です。現代の精神分析では、フロイトの考え方だけでなく、乳幼児期の養育者との愛着関係に注目したり（対象関係

第5部 「問題」に取り組む

論や分離−個体化理論）、自己愛や自尊感情に注目したり（自己心理学）、今ここでの関係に
注目する（関係精神分析）など、さらに発展した考え方があります。15章も参照してく
ださい。

（3）ユングの分析心理学

ユング（Jung, C.G.：1875〜1961）はスイスの精神科医で、若い頃はフロイトに共鳴し、
共に活動していましたが、次第に独自の考え方を発展させました。日本では「ユング
心理学」とも呼ばれています。精神分析と同様に人の心に意識と無意識を仮定しま
すが、子ども時代の親子関係だけでなく、人類や民族の心の共通性（元型）を想定し、そ
うした集合的な心のテーマが問題になることを明らかにしました。

フロイトにとって無意識とは、本能や抑圧された嫌な思い出や葛藤が押しやられ
た心の領域であり、自我によって支配されるべきものでした。しかし、ユングの場
合は「心の相補性」という考え方をとります。これは、自我（意識）が必ずしも中心では
ないという見方で、意識と無意識は全体で一つのまとまりをなしており、自我（意識）
が一面的に偏ったときに、心はバランスをとろうと動き出す、という考え方です。つ
まり、問題行動や症状にも、こうした心がバランスをとろうという、建設的な意味が
含まれているのではないか、とユングは考えました。したがって、目指す方向は、
無意識のコントロールではなく、両者の統合になります。ユングはこうしたプロセス
を個性化の過程（自己実現の過程）と呼びました。

そのための方法として、ユングは睡眠中の夢や描画などのイメージ表現を重視し、
必ずしも言語化できない心の動きに注目しました。つまり、無意識の動きやメッセー
ジを意識に上らせて統合を促すために、夢分析や表現療法を重視しました。「箱庭療
法」もこうしたイメージ表現療法の一つで、特に日本で大きく発展しました（52章も参
照）。日本では河合隼雄の著作があります。

（4）行動療法・認知行動療法

行動療法は、先の（1）〜（3）のような心の成長過程や無意識を想定したモデルでは
なく、目に見える特定のある「行動」の変容を目指す立場です。もともとは学習理論
から出発しています。次にその代表的な考え方を紹介します。

「系統的脱感作」は、例えば、人前に出ると不安が強まって何もできなくなる、と

168

いう行動があるならば、それを細かくいくつかの場面に分けて、0〜100で不安の強さを点数化します。また、リラックスの仕方を学びながら、まずはイメージで不安の点数の低い場面を思い浮かべて、不安の高まりに対してリラックスできるよう試みます。徐々に不安の強い場面を想定して、リラックスできるか試していきます。イメージでできるようになったら、今度は実際の場面に出て同様のことを行っていきます。このように、徐々に慣らしながら以前の行動を変えていくようにしていきます。これを「スモール・ステップ」による行動の変容と言います。

　「オペラント条件づけ」は、良い行動に対して報酬を与えてそれを強め、望ましくない行動には罰を与えてそれを減らすという考え方です。人だけでなく動物も含めて、特定のある行動とそれが生じた先行状況を明確にして、望ましい行動なのか、問題行動なのかに応じて、例えば、学校場面であればシールを貼るといった報酬を与えて望ましい行動を強化したり、一時的に問題行動を起こしている場面から退去（タイム・アウト）させたりして落ち着かせたうえで内省させる、といった行動の変容を促す方法です。「応用行動分析」としても知られています。

　現代では、行動のみではなく、感情や認知のあり方も同様な考え方で変容させようとしており、「認知行動療法」が広まってきています。認知行動療法では、①認知（頭の中に浮かんでくる考えやイメージ）、②行動、③気分や感情、④身体の状態の相互作用を整理して、不適応な行動や症状を改善しようとします。具体的には、悪循環やいつも陥ってしまう考え方、行動パターンを見つけていき、どのような修正ができそうかを治療者と相談しながら、①認知と②行動の変容に焦点を当てて、やれそうな範囲で実践していきます。認知行動療法には、ソーシャル・スキル・トレーニングやマインドフルネスを取り入れたものなど多様な技法が含まれています。

（5）まとめ

　4つのアプローチから、教師として学べることをまとめると、（1）からは「わかろうとする態度をとり続けること」、（2）からは「理解したことをはっきりと言葉にして伝えてみること」、（3）からは「子どものイメージ表現を大切に味わうこと」、（4）からは「小さな具体的な目標を立てて取り組むこと」が挙げられるでしょう。

　次の39章では、（2）と（3）をさらに意識と無意識の観点から見ることにします。

169

第5部 「問題」に取り組む

39章 意識と無意識

意識と無意識は、心をとらえる一つのモデルです。心をこのような層構造として想定する立場を、「深層心理学」と呼んでいます。

1. 意識と無意識

まず、「意識」から考えてみましょう。普段「私」「自分」と呼んでいる、自己の状態が意識と言えます。居眠りや夜の睡眠中、意識は低下していきます。また、アルコールを摂取したり、薬物などで意識が過覚醒になると、普段と違った意識状態になります。このように意識には水準・幅があります。

また、意識の特徴は、何かに焦点を当て注意を向けるという働きにあります。それまでに経験したことや、考えたことがあることなら意識しやすいのですが、そうでないとなかなか意識することができません。意識とは物事を「区別」して取り出す働きであり、そうすることで特定の何かに焦点や注意が向けられます。意識の発達とは、次第に区別できることが増えるということで、これは自然科学の大前提でもあります。

一方、人は睡眠中に夢を見ます。また、精神病状態になった場合や、薬物依存であれば幻覚や妄想が現れます。大事だとわかっていながらうっかりと物忘れをしたり、反対のことを言ってしまったりすることもあります。習慣や身についた動作は、意識しなくても自動的にしています。また、意識的に抑えきれない感情や衝動も心の中にはあります。こういったことから「無意識」の存在が仮定されます。

図8は意識と無意識を併せた心のイメージモデルです。球全体を心とすると、意識はその一部であり、普段は「私＝意識」と思っています。しかし、海に浮いた氷山にたとえると、海面から上に見えているのは氷山のごく一部（意識）で、心の多くは無意識と言えます。38章で紹介したフロイトやユングは無意識の世界を探究し、心の深層にアプローチしました。フロイトは、過去の嫌な記憶を抑える働き（40章を参照）や本能的な心の要素を無意識と考え、無意識を意識化し、コントロールできること

を重視しました（中心A：自我）。他方、ユングは無意識に成長の原動力（中心B：セルフ）があると考え、意識が無意識のメッセージに耳を傾けることを重視しました。

　フロイトとユングのどちらが正しいかということではなく、意識と無意識の見方にはさまざまなものがあり、自分が出会っている相手を少しでも理解するために、先人の知見を活用する姿勢が大切と言えるでしょう。

図8　意識と無意識のモデル図

2. 相手の心を理解する

　意識と無意識という観点から、人の心をどう理解するかをまとめると次のようになります。

(1) 相手の意識を理解する

　教師であれば、児童生徒や保護者の意識がどのようなものであるかを理解することがまず必要です。つまり、今自分の目の前にいる相手は、「何を思い、考え、感じているのか」、それをできるだけ正確に理解するということです。相手の話を丁寧に聞き、わかろうとする姿勢は、どの場面でも大切です。

(2) 相手の無意識を理解する

　(1) がなされたうえで、今度はそうした相手の言動や思いの背景にある心の動き、本人が気づきにくい心の内容を理解するというステップがあります。そのためには、背景となる情報、つまり過去の生育歴や家族関係などの情報が必要になるでしょう。それらを総合する中から、相手の意識の陰に隠れている動機や欲求や感情が次第に明らかになり、相手を深く理解する可能性が生まれます。

第5部 「問題」に取り組む

40章 心の働き：防衛機制

防衛機制 (defense mechanism) とは、心が自分を守ろうとする働きのことで、フロイトとそれ以後の「自我心理学」の中で発展してきました。受け入れ難い衝動や情動、例えば激しい怒りの感情を意識すると、自分では認めたくないために心的な苦痛や不安が起こりますが、それらを無意識に押し込め、意識に上らせないようにできれば、心の安定を保てます。もし、あらゆることを意識に上らせることになれば、意識は激しい感情や不安でいっぱいになり、それらに圧倒されてしまうかもしれません。ですから、意図的ではなく、無意識に嫌なことを忘れたり、見ないようにしたりすることで、心の健康を守ろうとするのが防衛という働きです。

1. 適応か症状か

心の健康を守ると述べましたが、防衛機制が過剰に働き、常に防衛に心のエネルギーを割かなければならなくなると、適応のための働きがいつの間にか不適応や症状の形成につながることになります。防衛機制が良い悪いではなく、要は程度の問題と言えそうです。

正常な範囲の防衛機制は、その働きが比較的意識されやすく、自分でもどのような反応や行動のパターンになっているかが、後で振り返ることができます。こうした柔軟性のある場合は、適応的な機制と言えます。しかし、その働きが鈍ってくると、常に特定の防衛パターンに陥るようになり、日常生活もその影響を受けて困難を感じることになります。つまり、無意識的で機械的な反復が起こりやすくなります。このような状態では、自分でもやめたいけれども、やめられない行動というように、防衛の働きが「症状化」していくことになります。

2. 防衛機制の種類

次にさまざまな防衛機制のバリエーションを紹介していきます。人によって、ど

172

のような防衛を使いやすいかに違いがあり、それがその人の行動の特徴や性格を形づくる場合があります。

① 抑圧（repression）：最も基本となる防衛機制です。意識すると不安や破局を招く恐れのある衝動や表象（イメージ）を、無意識内に押し込めておくことです。「知らぬが仏」という言い回しがあるように、「忘れる」ことで安定を保つ働きと言えます。

② 置き換え（displacement）：本当の対象から安全な対象に置き換えることです。例えば、父親に対する敵意を、自分より弱そうな父親以外の人（弟妹）や物（皿やコップ）に置き換える場合などです。「八つ当たり」はまさに置き換えということです。

③ 昇華（sublimation）：原始的な衝動（例えば、憎しみや殺意）を、社会的に望ましいこと（例えば、スポーツや芸術）に向け変えていくことです。これは発達や成長につながっている面があり、プラスのニュアンスが大きい防衛と言えます。

④ 補償（compensation）：劣等感を補うことです。身体的な弱さを鍛錬で人並み以上に丈夫にするとか、勉学に励むなどで、劣等感を忘れようとすることです。努力することは大切ですが、自分の弱さを認めないための過剰な努力になっています。

⑤ 反動形成（reaction formation）：抑圧された衝動と正反対の性格や態度を形成することです。無意識的に敵意を感じている相手に対して、実際の対人場面では反対の過度に親切な態度をとる場合などを指します。その逆のパターンで、例えば男児が、実は好意を抱いている女児に意地悪をしてしまうのも、反動形成の一例です。

⑥ 打ち消し（undoing）：前の行為や感情を打ち消そうとして、償い的な行為をすることです。強迫的な繰り返し行動はこれに当たります。ガスの元栓が気になって何度も締めにいくことや、手を繰り返し洗わないと気がすまない（洗浄強迫）などがあります。

⑦ 隔離（分離）（isolation）：表象（イメージ）と感情を分離させることです。体験の記憶はあるが、それに関係する苦痛な感情が思い出せない場合などがあります。

⑧ 投影（投射）（projection）：自分の認めたくない属性（性格、特徴、態度等）を他者のも

第5部　「問題」に取り組む

のとして認知することです。自分の中に怒り－怯えを抱えていると、中立的な相手と出会っても、相手が自分を攻撃してくるように思えてしまうのが、投影の例になります。投影の度が過ぎてしまうと「妄想」にもつながります。

⑨ 取り入れ（introjection）：⑧の投影とは逆に、他者の属性（性格、特徴、態度等）を自分のものにすることです。親のイメージの取り入れによって、親の性格やくせなどがいつの間にか自分のものになっていることが挙げられます。同一化（identification）もほぼ同義です。子どもが成長する際には、こうした取り入れや同一化は必ず起こっています。

⑩ 合理化（rationalization）：欲求不満に理屈をつけて正当化する場合です。イソップ物語で、空腹だがうまくブドウをとれなかった狐が「あのブドウは酸っぱい」から食べなくてよかったと屁理屈をつける例が挙げられます。人はいろいろと自分を納得させる理屈を探すものです。

⑪ 知性化（intellectualization）：知的に客観化することです。例えば、思春期に性に関する多くの知識を追求したり、性について話題にしたりするなどして、生の体験や感情との接触を避けるために、知性化が用いられることがあります。知性化そのものは、いきなり行動に移さずにおくということでもあり、大切な心の働きと言えます。

⑫ 逃避（escape）：適応の困難な状況から逃げることで、不安を避けようとすることです。空想や白日夢の世界に逃げ込むことや、体の病気になることも含まれます。時に「逃げるが勝ち」ということも、人生には必要かもしれません。

⑬ 退行（regression）：欲求不満を解消するために、以前の発達段階に戻ることなどです。例えば、弟妹の誕生で夜尿や指しゃぶりが再発する場合（赤ちゃん返り）が挙げられます。別の例では、お酒で酔った状態も日常からの退行と言えます。依存症になっては困りますが、リフレッシュするということは、適度な退行状態を経験することと言えます。

3. 自分のくせを知る

防衛機制とは心の中の働きですが、無意識に自分が知らない間に起こりやすいものです。それだけに、他人の防衛機制は案外見えやすい場合がありますが、自分の

防衛の仕方はわかりにくく、人から指摘されてもピンとこない場合さえあります。

　自分を知るということは、生きていくうえでとても大切なことです。それは単に自分のためだけというのではなくて、カウンセラーはもちろんですが、教師や人とかかわる仕事の場合には、とりわけ重要になります。自分で意識していたり、意図していることだけがすべてではなくて、自分の中で見ないようにしたり、知らぬ間に避けようとしていることがあって、それをいつの間にか合理化して、もっともらしく自分で理屈をつけて正当化している場合もあるわけです。また、良い教師であろうとしすぎて、反動形成的に表では教師らしく振る舞いつつ、自分の本音や否定的な感情はいつの間にか押し殺してしまい、自分でわからなくなってしまうこともあるでしょう。

　自己理解を深める一つの方法は、自分の防衛パターンを知るということです。それは、いつの間にかしている「くせ」のようなものと言えます。くせが個性にもつながっていますし、初めに見たように適応にも役立っているものなので、防衛をなくそうとか（それは不可能ですが）、無理に変える必要はありません。しかし、自分の心の動き方のくせを知っていると、さまざまな人間関係場面で行き詰まったときに、ヒントが得られるかもしれません。また、心の自由度がなくなってきたと感じる場合や、疲弊してきたときは、防衛が硬直化しているかもしれません。自分の防衛パターンを理解できるということは、そうした硬直した心に余裕が生まれることにつながります。51章も参照してください。

第5部　「問題」に取り組む

41章 | 保護者との連携・対応

　子どもたちが多様であるように、保護者も多様であるのが現代社会です。保護者と学校が協力して、子どもの成長に取り組むことができればよいのですが、現実には、保護者の仕事や母子・父子家庭など生活スタイルによって、家庭と学校との連絡・調整がつきにくい場合があります。また、「モンスターペアレント」という言葉が流行ったように、一方的に学校に要求をする保護者がいる場合や、教師と保護者がお互いに信頼関係を築くことが難しい場合もあります。「保護者対応」は現代の教師にとって大きな課題になっています。

1. 保護者の理解と関係づくりの意義

　担任が30人の子どもたちを受け持っているなら、その背後には30の家庭があります。学校臨床の第一は「子ども理解」と言えますが、それに続いて大切になるのは、個々の家庭についての理解でしょう。

　その理由の1つめは、背景である家庭状況（構成メンバー、経済状況、メンバー間の関係のあり方、各々の性格や考え方、家庭が持つ雰囲気など）が見えてくると、ある子どもの言動が何に由来しているかがわかりやすくなり、子ども理解を深められるからです。2つめの理由は、何よりも家庭との連携がとれれば、その家の子どもの教育だけでなく、学級・学校運営のさまざまな面でそれが大きな力になるからです。保護者と適切な関係を築いていくためには、個々の保護者がわが子の成長をどのように考え、何を願っているのかを理解することが必要です。

　保護者の願いと教師の思いの間にギャップが生まれることはありますが、「この子のためにできることをしたい」という点が共有できれば、歩み寄る可能性は生まれます。この子にとって何が大切と教師が思っているのかを、丁寧に保護者に伝える努力をすることは、歩み寄りへの一歩になります。

　また、学校臨床上、ある家庭・保護者との関係づくりが目前の課題となる場合は、担任に限らず、学校内の「誰」と家庭内の「誰」がつながることができそうか、という

176

「学校と家庭の間のライン引き」という発想が必要になります。

　つまり、学校には、担任、学年主任、管理職、以前の担任、部活顧問、兄弟姉妹の担任、その他の教職員といった人材がおり、家庭には、子ども、母親、父親、兄弟姉妹、祖父母、他の家族といったメンバーがいます。図9は一例ですが、学校と家庭のどこかで関係がつくれれば、その関係を軸にして、新たな支えにすることができ、連携して課題に取り組む可能性が高まります。

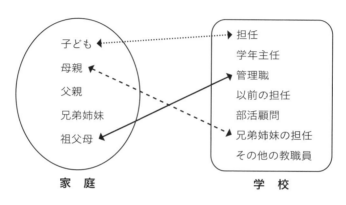

図9　家庭と学校の間のライン引きの例

2. 保護者と接する際の基本姿勢

　教師が保護者と接する機会には、直接出会う「授業参観・懇談会」や学期末の「三者懇談」、運動会などの「行事」があります。また、行わない学校も増えていますが、学年初めの家庭訪問は、保護者だけでなく家庭の雰囲気を実際に体験する機会になるでしょう。間接的には、学級通信や連絡帳を通して、保護者とやり取りをする機会もあります。

　こうしたさまざまな機会で、教師はどのように保護者と接するとよいのでしょうか。1節でも触れた保護者と接する際の「教師の基本姿勢」を整理すると、次の表7のようになります。

第5部　「問題」に取り組む

表7　保護者と接する際の教師の基本姿勢

---

① 保護者と学校が「一緒に」子どものことを考える姿勢
　　→　教師が一方的にならない
② 保護者の思いを聞く姿勢
　　→　教師から責めるだけにならない
③ 子どもを中心に据え、何が必要かを考え、丁寧にこちらの思いを伝える
　　→　教師が受け身だけにならない

　このように、教師が「一方的にならない」「保護者を責めるだけにならない」、また反対に相手に押されて「受け身だけにならない」といったことを意識しておくことは大切です。教師から上手に話ができないこともあるでしょうが、こうした姿勢は徐々に保護者に伝わっていきます。37章の「教師モードとカウンセラーモード」も参照してください。

3. 保護者からの苦情(クレーム)をどう聞くか

　子どもが家で学校の不満を語り、「それを鵜呑みにした保護者が学校にクレームを言ってくる」と教師に見える出来事が増えているようです。わが子や保護者自身が傷つくことに耐えられず、すぐに反応しやすい保護者が増えているのかもしれません。しかし、「保護者がおかしい」と言いたくなるにしても、そう決めつけただけでは、学校臨床力としては不十分と言えます。保護者が実際に苦情(クレーム)を訴えて学校に来る場合は、表8のような点に留意しながら話を聞くことが大切になります。

表8　保護者の苦情を聞く際の留意点

---

① 相手の怒りを増幅させない（丁寧に対応する）
② 記録を残す
③ あいまいな回答や言い訳はしない
④ 謝罪すべきことは誠実に謝罪する（勇気がいる、言い訳ではなく）
⑤ 「いったん預かる」対応（いつまでに何をして、次はいつ話し合うか）
⑥ チームで対応する（一人で抱え込まない）

---

4. 「モンスターペアレント」という見方

　マスコミなどを中心にして、一方的で理不尽なクレームや要求を学校に行う保護者のことを「モンスターペアレント」と呼ぶようになっています。保護者対応が困難なケースがあるのは事実ですが、一種のレッテル貼りで終わってしまい、困り感を抱え孤立した保護者の理解を、教師がやめてしまう危険性があります。

　「自分の責任を自覚しながら、思っていることを相手に伝える」のは、保護者に限らず、誰にとっても難しいところがあります。背景には、「自己抑制のスタイル」から「自己主張のスタイル」へと、現代の日本人のあり方が変化してきたことも関係していると言えます。

　それだけに、先に見たような「基本姿勢」や「カウンセラーモード」を意識しながら、日頃の保護者との細やかな関係づくりが大切になります。その際、自分一人で抱え込まないように、チームで話し合いながら、「報告・連絡・相談」をこまめに行うことが、地道な取り組みを継続する際には必要になります。「○○先生が言うのなら、そうしてみようか」と保護者が言ってくれるような信頼関係の醸成を目標にしていきたいところです。

　保護者に「犯罪性」「暴力性」「病理性」の高さが疑われる場合は、一人で判断せずに、管理職と相談して対応することが必要です。また、教育委員会のバックアップもあり、例えば、京都市学校問題解決支援チームは、医師、弁護士、臨床心理士、警察関係者などで構成され、2020年には児童生徒・保護者・学校に向けた提言をまとめており、ホームページで見ることができます（京都市学校問題解決支援チーム，2020）。また、京都府総合教育センターでは、2007年と2009年に保護者からの苦情に対応するための冊子として『信頼ある学校を創る』が作られており、これらもホームページで見ることができます（京都府総合教育センター，2007, 2009）。保護者の「要求の正当性」や保護者の「問題のとらえ方」を、具体例を挙げながら検討しているので参照してください。

第5部　「問題」に取り組む

42章 ケース会議の進め方

　学校臨床の取り組みは、授業や特別活動といった通常の教育活動の中でも行われ
ますし、個別の問題行動に対するかかわりとしても行われます。学校の特徴は、何
といっても多様な教職員がいることです。ですから、個別的に指導や支援をすると
いっても、学校組織・チームとして共通理解を持つことが大切です。ケース会議とは、
組織として共通理解を深め、見立てをもとにかかわりの方針を検討するための会議
です。次の43章のチーム支援にもケース会議は欠かせません。

1. ケース会議の進め方

　問題行動の内容によって、緊急度が異なりますから、常に同じようなケース会議
とはなりませんが、ここではケース会議の一例について述べていきます。

　ある問題行動に対して、かかわりのある教職員が集まることが基本です。子ども
の担任、生徒指導や教育相談や特別支援教育の担当教師、学年主任、部活動担当教
師、養護教諭、スクールカウンセラーやスクールソーシャルワーカー、担任以外の
授業担当（小学校なら専科の教師や、中学・高校ならば教科別の教師）、管理職等です。

　最初の目的は「児童生徒理解」です。今取り上げることになった問題行動について、
その大まかな経過を集まった教職員が共有できるようにします。担任や生徒指導・教
育相談担当など、かかわりの深い教師がまずその経過報告をすることになるでしょ
う。こうした報告で大事なことは、事実経過とともにそのかかわり手の思いも手短に
述べることです。気持ちや思いだけを語られては、周囲の教師も困りますが、担任
が報告する場合なら、その担任は問題となる行動をどのように受け取って、どう判
断してかかわってきたのか、かかわり手の主観的な要素も経過を理解するうえでと
ても大切な「情報」となります。

　次に、他の教職員が子ども・保護者とこれまでにかかわってきた様子を報告しま
す。児童生徒を理解する際には、さまざまな教師がかかわってきた断片を持ち寄る
ことで、徐々に立体的なイメージを協働してつくり上げることが大切です。そうした

180

42章　ケース会議の進め方

会議の中で、一面的な見方しかできていなかったことに気がついたり、別の教師や別の状況になるとどうしてその子が異なる言動を見せるのか、といった新たな問いが生まれ、省察が深まります。以前の様子がわかれば、理解の正確さが増すでしょう。現在の担任だけでなく、前担任や、該当する子どもの兄弟姉妹とかかわっている教師がいれば、さらに家庭の様子や背景となる理解が広がります。

　すぐに結論や安易な問題解決を求めるのではなく、その子どもに何が役立つかを、学校の提供できる限界と照らしながら見いだすことが目的となります。かかわりの方針は、こうしたプロセスから生まれてきます。

2.　ケース会議をさらに深める：事例検討

　現場の忙しさとの関数ですが、ケース会議をより深めるためには、しっかりと時間を確保した事例検討が必要ですし、また有効です。次に挙げる事例検討用フォーマット（表9、10）は、カウンセリングや心理療法の事例検討のスタイルを改良して、学校現場で使えるようにしたものです（角田, 2008）。ここに挙げている内容をすべて埋めなければならないと考えるのでなく、不足の箇所があれば、その情報は現在足りないのだと意識すればよいと思います。なお、プロセスレコード（表11）は、単独で用いることもできます。子どもとのかかわり合いについて印象に残る場面を選び、その経過（プロセス）を時間順に記述して省察に用います。自己省察やグループ省察会の進め方について、詳しく知りたい方は角田（2019, 2020）を参考にしてください。

第5部 「問題」に取り組む

表9 教師のための事例検討用フォーマット改訂版 (1/3)

事例タイトル＿＿＿＿＿＿＿　報告者名＿＿＿＿＿＿

1. 子どもの学年と性別　幼保・小・中・高　学年　男・女

2. 問題となる行動・症状等

3. 2に対して報告者が当初、感じていたこと

4. 家族関係（わかる範囲で）

5. 生育歴（わかる範囲で）

6. 報告者がかかわるまでの経過

表10 教師のための事例検討用フォーマット改訂版 (2/3)

7. 報告者がかかわってからの1年の経過
（必要に応じて、時期は適当な箇所から使う・長期にわたる場合は本紙をコピーして使う）

	子どもの様子・行動	私が感じたこと・対応	学校組織・家族など周囲
1学期			
夏休み			
2学期			
冬休み			
3学期			
春休み			

8. 具体的なかかわり合いを示すエピソードを別紙のプロセスレコードに記す
　　エピソード・タイトル（　　　　　　　　　　）

9. この1年間を振り返って
・本人について

・報告者である教師について

・学校組織、家族など周囲について

42章　ケース会議の進め方

表11　プロセスレコードのフォーマット
（教師のための事例検討用フォーマット改訂版の3/3を兼ねる）

（1）エピソード・タイトル（　　　　　　　　　　　　　　　　　　　　　　　　　）　　　　　　　　　　　　　　校種（　　　）　学年（　　　）　性別（　　　）			
（2）この場面を選んだ理由			
（3）子どもの言動 （発言「　」の他，行動・態度や表情なども記述する）	（4）私が感じたこと・考えたこと	（5）私の言動 （発言〈　〉の他，行動で示したことも記述する）	（6）分析・考察
（7）私がこの場面から学んだこと			

第5部　「問題」に取り組む

43章 チーム支援

　教師とは、もともと集団と個人の両方にかかわる仕事ですが、担任一人ですべて
を担うには限界があり、今日の学校現場では「チーム学校」による対応が求められて
います。これは、学校が機能的に子どもたちにかかわろうとするもので、集団と個
人へのかかわりを、今一度「学校組織」として見直そうとするものです。

1. チームを必要とする背景

（1）学校臨床上の課題の多様化

　現代の学校が抱える学校臨床上の課題や問題は多様化しています。子どもについ
ては、不登校、非行、いじめといったさまざまな問題行動への対応や、特別な教育
的支援を必要とする子どもを含め、一人ひとりの子どもに即した「個別的で柔軟な対
応」の必要性が高まっています。

　また、家庭については、さまざまな価値観を持つ保護者への対応や、経済・福祉
的課題がある家庭、また子どもへの虐待がある家庭に対して、関連機関と連携して
取り組むことが挙げられます。このように、学校や教師に求められる内容は多岐に
わたっており、組織としての学校臨床力が必要です。

（2）校務分掌

　学校はもともと「組織」で運営されており、直接子どもを教える学級や学年の仕事
以外に、教師には「校務分掌」と呼ばれるさまざまな業務があります。校務分掌組織
とは、管理職である校長や教頭（他に副校長、主幹教諭）のもと、運営（企画）委員会、職
員会議、さらに教職員が分担する教務部、生徒指導部、進路部、保健部、事務部と
いった部（係）に分かれています。

　部や係とは、各々が学校全体の仕事を担っています。例えば「教務部」では、カリ
キュラムや時間割を検討し、「生徒指導部」では、校則の検討や子どもたちの学校内
外の生活指針の作成を担当しています。多くの教師は学級担任をしながら、何らか

の部（係）を担当するというように、同時にさまざまな仕事を兼ねています。

（3）教師の多忙化と学校における働き方改革

2013年に公表されたOECD国際教員指導環境調査（TALIS）では、日本の教師の1週間当たりの勤務時間は参加国（34の国と地域）の中で最長（日本53.9時間、参加国平均38.3時間）で、部活動（日本7.7時間、参加国平均2.1時間）や事務業務（日本5.5時間、参加国平均2.9時間）が長いという結果が示されています（国立教育政策研究所，2014）。

また、中央教育審議会のチームに関する作業部会（文部科学省，2015a）によると、教職員総数に占める教師以外の専門スタッフの割合は、日本が約18％であるのに対して、米国が約44％、英国が約49％となっており、教師以外の専門スタッフが日本では少ないのが現状です。このため、教師の業務を見直し、事務職員やスクールカウンセラーやスクールソーシャルワーカーなどのスタッフと連携・分担した校務体制の整備が課題になっています。こうした流れを受けて、「学校における働き方改革」について中央教育審議会の答申（文部科学省，2019）が出され、教職員の職務内容や勤務時間、また学校にかかわるスタッフや組織体制の見直しが全国的に進められています。

2. チームの意義

以上のように、学校組織をより効率よく運営し、現代的な課題に対応できるように見直そうとする中で、「チーム」という考え方に注目が集まっています。

（1）チームが成り立つ条件

「チーム」とは、学校臨床上の課題や困難について、かかわりのある教職員や関係者が集まり、子ども理解とその対応を協議しながら指導・支援を行う、機動的な集団です。チームが成り立つには表12のような条件が必要と言えます。

表12　チームが成り立つ条件

```
① 目的意識
② お互いを補完する姿勢
③ コミュニケーションの機会
```

第5部 「問題」に取り組む

チームには、メンバー間で「目的意識」が共有されることが必要です。例えば、教室で立ち歩きが多く、担任が工夫しても学習に集中できない子どもがいるなら、管理職や主任クラスの教師の呼びかけで関係教職員が集まり協議します。この子どもにどう対応するかが、その集まりの目的になります。まずは担任以外の教職員による観察など、できるだけ子どもの実態を把握しようということがメンバーで合意されるかもしれません。その際、担任をフォローしつつお互いが補い合う「補完する姿勢」が欠かせません。それが子どもの多面的理解や、教職員の協働性を高め、チームとしてのまとまりを生みます。そして、各々の立場から見た子どもや周辺の情報を話し合う「コミュニケーションの機会」を意識的につくり、子どもへの対応をさらに検討していくことになります。

(2) チームの機能：見立て

チームの仕事としては、まず子ども理解をどこまで深められるか、つまり「見立て」や「アセスメント」を行うことがあります。1章で述べたように、厳格性・受容性の両面から子どもを理解することは、ある子どもに「どのようなかかわりが必要か」を検討するうえで有効な視点になります。

42章でケース会議の実際について紹介しましたが、それまでの経過や生育歴といった子どもの発達に関する情報をできるだけ集約しながら、その子についての「仮説」をチームであれこれ想像することが、見立ての第一歩となります。ここで言う仮説とは、「～かもしれない」という可能性をできるだけたくさん検討し、多面的な子ども理解をしようとするためのものです。23章も参照してください。

(3) チームの機能：関係性の構築

(1)の②で見たように、お互いを補う姿勢を持つことは、メンバー同士が支えられている体験を生み出します。個々の教職員は、時に自分の判断に確信が持てなかったり、不安を抱くかもしれませんが、助言してくれたり、労をねぎらう仲間がいれば、振り返りができたり、頑張る気力が生まれます。つまり、チームが機能できるときは、メンバー各自の自己も活力を回復し、学校臨床の課題に取り組むことができています。

このようにさまざまな形でチームを機能させようとすることは、個(教師)と組織(学

186

校）の活性化につながります。チームという関係性に支えられているからこそ、個々の教職員は、子どもや家庭との間で成長促進的なかかわり合いを形成しやすくなるのです。

3. チームをつくる

(1) 教職員の意識

校内でチームをつくるには、どのようなことが必要でしょうか。まず教職員の協働への「意識」が校内にどれくらいあるかが大切です。学校もそれぞれで状況が異なっており、意識の高い学校もあれば、バラバラでまとまらない学校もあります。協働への意識や雰囲気は、管理職やミドルリーダーと呼べる中堅教師の言動が影響すると言え、雰囲気づくりが課題となる学校もあるでしょう。

(2) チームの枠組みづくり

具体的な動きとしては、管理職がチームの「枠組み」をつくり、チームに「任せる」ことが必要です。勝手に数人の教職員が動いているのではなく、校内で認められ、責任の所在が全体で共有されていることが欠かせません。つまり、校内で「オーソライズ」されることで、チームが主体的に動きやすくなります。

22章の2節で紹介した、ある小学校の「校内支援委員会」はその実例です。この委員会は、皆が納得して動きやすいように校務分掌に位置づけられた「チーム」であり、学校臨床上の見立てと方針を立てることに特化した役割を担っています。

また、こうした「枠組み」が明確になると、個々の教師が「困り感」を持っていける「場」が校内にできることになり、個と組織がつながって動きやすくなります。

(3) コーディネーター（ミドルリーダー）の働き

さまざまなチームがあり得ますので一概に言えませんが、実際のチームをまとめるには、時にリーダーシップを、時に黒衣の役を担えるような「コーディネーター（ミドルリーダー）」がいるとスムーズです。そこに求められるのは、メンバー間あるいはチームの内と外を「つなぐ力」であり、また学校臨床上の仮説を多面的に立てることや、教職員の雰囲気を読むといった「見立てる力」と言えるでしょう。

第5部　「問題」に取り組む

44章 スクールカウンセラーの活用

　1995年（平成7年）より、公立中学校を中心に、いじめ問題や不登校問題への取り組みの一助として、スクールカウンセラーの配置が始まりました。当初は、文部科学省による「スクールカウンセラー活用調査研究委託事業」として、中学校を中心に全国で150校余りの学校にスクールカウンセラーが配置されました。その後、文部科学省が行う事業の中での位置づけの変更などを経つつも、一貫して配置校の拡充が進められ、自治体によって状況に違いはありますが、原則としてすべての公立小中学校への配置がほぼ完了し、この間に高校への配置も進み、2021年度には約3万校の学校に配置されています。

　スクールカウンセラーとは、学校の中でどのような役割を担う人なのでしょうか。そして、学校はスクールカウンセラーをどのように活用することができるのでしょうか。

1. スクールカウンセラーとはどのような人か

　スクールカウンセラーは、基本的には臨床心理学を専門とし、自らの専門性を基盤に、学校教職員、子ども、保護者等と面談を行ったり、子どもの行動観察を行ったりして、問題をアセスメントし、問題の改善や解決のために適切な助言を行うことを仕事としています。また、それぞれの学校からの要望に応じて、予防・開発的な取り組みとして、子どもや保護者を対象とした心理教育を行ったり、学校教職員を対象とした研修を行うこともあります。

　「スクールカウンセラー」という名称から、一般に、学校（スクール）でカウンセリングをする人（カウンセラー）だというイメージを持たれやすいですが、実際にはそのイメージはスクールカウンセラーの役割の一部にしか過ぎません。後で見るように、スクールカウンセラーは狭い意味でのカウンセリング以外にも、さまざまな業務や役割を担っています。

　スクールカウンセラーは、学校内で「カウンセラーの先生」などと呼ばれることもありますが、先にも見たように、臨床心理学の専門家であって、教員免許を必要と

188

44章　スクールカウンセラーの活用

する職種ではありません（実際には教員免許を持っているスクールカウンセラーもいます）。しかし一方で、スクールカウンセラーは教育委員会から各学校に配置される非常勤職員であり、学校教職員の一員です。

2. スクールカウンセラーの活動内容

　スクールカウンセラーは、具体的に学校でどのような活動をしているのでしょうか。文部科学省（2017b）は、「児童生徒の教育相談の充実について──学校の教育力を高める組織的な教育相談体制づくり（報告）」の中でスクールカウンセラーの職務内容等についてのガイドラインを示しており、参考になります。ここでは大きく4つに分けて見ていくことにします。その4つとは、子どもや保護者とのカウンセリング、学校教職員へのコンサルテーション、子どもや保護者への心理教育、学校教職員への研修です。

（1）子どもや保護者とのカウンセリング

　スクールカウンセラーの仕事と聞いて、多くの人が一番に思い浮かべるのがこの活動でしょう。困りごとを抱えている子ども本人、あるいはわが子のことで心配や不安を抱えている保護者とスクールカウンセラーが面接を行い、問題の改善や解決に向けて話し合う活動です。

　子どもや保護者が自発的にカウンセリングを希望する場合もありますが、担任や養護教諭等に勧められて、スクールカウンセラーとの面接に至るケースも多いです。基本的には事前に予約してもらい、日時を定めて1回当たり45〜50分程度の面接時間をとることが一般的です。カウンセリングの前後における、教師とスクールカウンセラーの間での丁寧な情報交換が、カウンセリングの成否を大きく左右することも少なくありません。

（2）学校教職員へのコンサルテーション

　一般の認識はまだ比較的薄いですが、学校教職員へのコンサルテーションは、子どもや保護者へのカウンセリングと並ぶ、あるいは場合によってはそれ以上に中心的な、スクールカウンセラーの活動の柱です。カウンセリングが、相談者個人が日

189

第5部　「問題」に取り組む

常生活を営むうえで直面している困難さを中心として話し合う活動であるのに対して、コンサルテーションは、相談者が自分の職務を遂行するうえでの課題について助言を得ることを主目的とします。

　教職員へのコンサルテーションとしては、気になる子どもについての相談、子どもや保護者への具体的なかかわりの持ち方の相談、子どもや保護者をスクールカウンセラーとの面接につなぐことの適否についての相談などが一般的です。相談を受けたスクールカウンセラーは、コンサルテーションの前後に、クラスの中での当該の子どもの様子を観察するために授業観察に足を運ぶこともあります。子どもの様子や行動を、教師はどう見ているのか、スクールカウンセラーはどう見るのか、互いの見方を話し合うことが有益な気づきを生むことが多いです。

（3）子どもや保護者への心理教育

　学校臨床における予防・開発的な取り組みとして、スクールカウンセラーが子どもを対象として授業の一部を担当したり、保護者を対象とした講演会で講師を務めたりする活動です。

　子どもを対象とした心理教育の例では、ストレスとのつきあい方について、心身の緊張を解くための簡単な方法について、などがあります。保護者を対象とした心理教育の例としては、思春期の子どもの心理について、子どもの励まし方と叱り方について、などがあります。いずれにしても、学校の教育目標やその時々のニーズに応じて、具体的な活動内容には多様なバリエーションがあります。

（4）学校教職員への研修

　学校教職員が生徒指導や教育相談を行う力、本書で掲げる学校臨床力を高めることを目的とした活動です。具体的な例としては、教職員を対象とした、子ども理解やカウンセリングマインドについての講義、ロールプレイングを用いたカウンセリングの演習、学校全体での共通理解が必要な子どもへのかかわりについての事例検討会などがよく行われます。

　（3）で述べた子どもや保護者への心理教育もそうですが、学校とスクールカウンセラーがよく話し合って、学校にとってピントの合った内容と適切なタイミングで実施することが成果を得るための鍵となります。

3. スクールカウンセラーの活動を支えるコーディネーター

　スクールカウンセラーの活動は、決してスクールカウンセラーが単独で行うものではありません。学校とスクールカウンセラーをつなぐ役割の教職員（以下、コーディネーター）の存在が不可欠です。コーディネーターは、例えば、カウンセリングやコンサルテーションの希望を取りまとめたり、自ら教師に提案したりして、スクールカウンセラーの1日の勤務のタイムスケジュールの骨格を管理する役割を担います。

　また現状では、スクールカウンセラーの多くは、週に1日、1日当たり4〜8時間という勤務形態で学校に配置されていて、勤務日と勤務日の間に起きる、時にめまぐるしい学校内の動きをフォローすることが困難です。そのため、校内の動きを把握したうえで、その情報をスクールカウンセラーに伝達・共有し、スクールカウンセラーの活動方針を確認・共有する役割がコーディネーターには求められます。こうした窓口があって初めて、スクールカウンセラーの仕事が成り立つのです。

4. スクールカウンセラーと連携する意義

　スクールカウンセラーは、他の学校教職員とは異なる専門性を基盤に、異なる視点で、子どもや保護者、あるいは学校組織の問題をとらえ、その改善策や解決の方向を共に考える存在です。教師にとっては、気になる子どもの様子について、学級経営方針の迷いについて、保護者とのコミュニケーションがうまくとれないことについて、気軽に相談できる相手です。スクールカウンセラーと話をすることで、教師同士である同僚に相談する場合とは異なる反応や、新鮮な視点が得られるかもしれません。あるいは、子どもや保護者の心情について、自分では思いもつかなかった見方の可能性を示してもらえるかもしれません。

　これまで述べたように、スクールカウンセラーは、学校に配置されていればただそれだけで活躍してくれるわけではありません。学校が、教職員一人ひとりが、スクールカウンセラーを活用する意志を持つこと、普段からスクールカウンセラーとコミュニケーションをとって、いざというときにスムーズに情報交換ができる関係をつくっておくことが、スクールカウンセラーとの有意義な連携に必要です。

第5部 「問題」に取り組む

45章 学校外の機関との連携

　子どもが直面している困難な状況の性質と程度によっては、学校だけの対応では十分な支援が難しい場合があります。そのような場合には、さまざまな学校外の機関との連携を検討し、実際に利用する必要が生じることがあります。学校外の連携先として、どのような機関があるのか、主なものを見ておきたいと思います。

1. 教育支援センター（適応指導教室）

　教育支援センター（適応指導教室）は、主に不登校状態の子どもを対象として、教育委員会が開設し、運営している機関です。文部科学省の調査によれば、2022年度（令和4年度）には、都道府県教育委員会が設置しているもの、市町村教育委員会が設置しているものを合わせると、全国で1,654か所に設置されています。その規模や活動内容はさまざまですが、比較的一般的な例を以下に示します。

　教育支援センターを利用するのは、現状は不登校状態にあるものの学校への復帰を目指している子どもです。教育支援センターは、例えば教育センターや公的な施設などのスペースを利用して開設されていて、子ども本人が定期的に通えることが利用の前提条件となります。

　教育支援センターを利用するには、学校を通じての連携が必要であり、正式の通室の可否には子どもが在籍する学校長の判断が必要です。正式の通室手続きに至るまでには、試験的な通室の期間が設けられる場合が多いです。その期間の子どもの様子を見て、本人及び保護者の希望と学校長の判断を経て、正式の通室手続きがとられると、教育支援センターに来室した日数が学校に登校した日数に算入されることになります。

　教育支援センターの活動の中心は、学習活動、レクリエーション等の集団活動、子ども本人及び保護者との相談活動です。そうした活動のために、指導員や相談員といったスタッフが配置されています。週に3～5日開室されるところが多く、1日に来室する子どもの数は、その教室の規模によって異なりますが、10人未満から規

模の大きなところでは30人前後になることもあります。午前と午後で、例えば午前は学習活動の時間、午後は集団活動の時間といったように、スケジュールが分けて組まれることがよくあります。学習活動は、個人または少人数のグループを学習指導員が見ることが多いです。集団活動は、活動そのものの楽しさと同時に、子どもたち同士のコミュニケーションの促進や関係づくりを意図して企画されます。こうした活動と並行して、子ども本人、そして保護者との定期的な面接が、相談員との間で設定されることもあります。

　教育支援センターは、子どもが学校へ復帰する力を身につけることを後押しすることを目標としています。登校したいという意志はあるけれど、学習に自信がない、同級生との関係に不安があるといった理由で再登校に踏み切れない子どもの、再登校に至るまでの中間点として利用されることが多いです。教育委員会が管轄している機関であり、学校にとっては最も緊密な連携をとりやすい機関です。

2. フリースクール

　教育支援センターが教育委員会の管轄する公的な教育相談機関であるのに対して、いわゆるフリースクールはNPO法人などの各種法人や個人など、民間が運営している施設です。教育支援センターと学校の連携は、子どもが教育支援センターを利用するうえで必須ですが、フリースクールと学校の関係はそれとは異なります。学校が教育支援センターの利用を保護者に提案することは普通にあることですが、現状では、学校がフリースクールの利用を勧めることは比較的まれです。しかし、学校生活への適応が困難な状況にある子ども本人や保護者にとっては、フリースクールの利用は有力な選択肢の一つであると言えます。2016年に成立した「義務教育の段階における普通教育に相当する教育の機会の確保等に関する法律（教育機会確保法）」においては、学校以外の場での学習支援が謳われており、教育支援センターと並んで、フリースクールもそうした場の一つであると考えられます。

　教育支援センターが、教育委員会によって規模や仕組みに違いはあっても、ほぼ共通の設置目的と活動内容を持つのに対して、現状では、フリースクールには一定の基準はなく、その活動内容や活動スペース、スタッフの構成はそれぞれのフリースクールによって多様です。民間版の教育支援センターといった趣のフリースクー

第5部 「問題」に取り組む

ルもあれば、活動の自由と安心できる居場所の確保に重きを置いたフリースクール
もあります。一方で、子どもの在籍する学校長が、その活動内容が一定の基準を満
たしていると判断した場合には、教育支援センターの場合と同様に、フリースクー
ルを利用した日数を登校した日数として認めることができます。

フリースクールは民間の施設であり、利用するには費用がかかることに注意する
必要があります。例えば、文部科学省が2015年(平成27年)に行った調査(「小・中学校に
通っていない義務教育段階の子供が通う民間の団体・施設に関する調査」)では、利用に要する費用
は月額にして平均約3万3千円でした。

3. 教育センター

教育センターは、都道府県や政令指定市の教育委員会が設置している、教育に関
する研究と学校教職員に対する研修を主要な役割とする機関です。教育センターは、
多くの場合、教育相談の部門を備えていて、学校、子ども本人、保護者からの相談
を受ける窓口を持っています。

在籍している学校にスクールカウンセラーが配置されていても、子ども本人や保
護者が自分の学校のスクールカウンセラーとの相談を希望しない場合があります。
特に不登校状態の子ども本人は、スクールカウンセラーと会うためであっても学校
内に入るのは難しい場合がありますが、学校外の機関であれば相談に通うことがで
きることもあります。例えばそうした場合に、教育センターは子どもや保護者にとっ
て選択肢の一つであり、学校にとっても重要な連携機関となります。

ただし、子どもの居住地と教育センターの所在地がかなり離れている場合などは、
教育センターに来所するための時間と費用の負担が大きくなるなど、場合によって
は利用が困難な面もあります。

4. 児童相談所

児童相談所は、児童福祉法に基づいて都道府県及び政令指定市に設置が義務づけ
られている機関です。法律の趣旨に基づいて、児童の福祉を守ることを役割として
います。児童相談所と学校との連携は、あらゆる場面で生じる可能性があります。

その中でも、近年ますます機会が増えているのが、虐待の問題と発達障害の問題をめぐる連携です。

学校が教育機関であるのに対して、児童相談所は福祉機関であり、そのよって立つ専門性も社会の中で果たすべき設置目的も互いに異なっています。そのことが、時に子どもに関する処遇をめぐって互いに意見と方針の齟齬を生み、協調しての連携が難しく感じられる場面が出てくることもあります。しかし、子どもの安全な生活と健全な成長を守りたいという思いは共通であり、互いの専門性の違いの理解に努めたうえで、子どもや保護者にとってより良い支援と環境づくりを行うために、粘り強い連携を心がけることが求められます。学校と児童相談所との相互理解を進める試みの例として、京都連合教職大学院では現職教員が児童相談所で実習を行っており、成果を生みつつあります。

5. 医療機関

子どもが慢性の疾患を持っているとき、心身の不調が高じて医学的対応を求めるとき、医療機関との連携の必要性が生じます。子ども自身の安全のために、学校生活を送るうえでの制約や制限、注意すべきことなど、しっかりと把握することが必要になります。主治医の指示等は、保護者からしっかりと聞き取る必要があるのはもちろんですが、場合によっては主治医と学校が、保護者の了解のもとに、直接連絡をとる必要が生じる場合もあります。

6. より良い連携のために

子どもや保護者を支援する機関としては、他にもここでは取り上げきれない多様な社会資源がありますし、今後も社会の求めに応じて新しい社会資源も生まれてくるでしょう。社会の変化の中で学校の役割が変化しつつあるように、さまざまな専門機関の役割もまた少しずつ変化していきます。困難な状況にある子どもや保護者に有効な支援を届けるには、専門性や立場の違いを超えた協力関係の構築が不可欠です。そのためには、普段から互いの専門性と立場の違いの理解に努める姿勢と、顔を合わせて互いを知り合うネットワークづくりの意識が必要です。

Column 6

教育の「胡散臭さ」を自覚する

*

　以前にグループワークの学習会で、年齢も職業も多様な参加者同士で初対面の相手の第一印象をシートに書いて渡し合うワークを行ったことがありました。お互いに何も自己紹介をしていないにもかかわらず、当時、高校教師だった私は、グループの半数の人から「先生みたい」というコメントをもらい、驚きました。さらに、もっと驚いたのは、教師であると思われたことを自分が全然嬉しく感じていないことでした。そして、私の中の「いかにも教師」という像がネガティブなイメージを伴っていることに気づきました。

　フランスの哲学者フーコー（Foucault, M.）が指摘したように、近代社会における学校という制度は、強制と管理によって子どもを体制に従順な存在として組み込もうとする「原罪」を根源的に背負わざるを得ない側面を持っています。教職は「子どもの役に立つ専門職」ではあるけれども、このような「原罪」も併せ持っているということに無自覚な教師については、その影の部分が目につくと「胡散臭い」と感じる人が世間には少なくないように思います。

　教師という存在は、「並びなさい」と言えば子どもたちが並び、「書きなさい」と言えば子どもたちが書くという経験を重ねていく中で、自分の権力性に陶酔したり無頓着になったりして、結果的に傲慢になっていく場合があるように感じると、ある先生が話していました。「原罪」に無自覚な教師の「胡散臭さ」を見抜いた言葉だと思いました。

　私は30年間の教師経験を決して否定的にとらえているのではなく自負も持っていますが、教師論を語る際には、「胡散臭さ」の自覚を失わないことだけが「胡散臭さ」から免れる唯一の道だということを、これからも先生方や教職を目指す学生たちに伝えていきたいと考えています。

（阿形恒秀）

第6部

教員としてどのように力を身につけていくか

第6部　教員としてどのように力を身につけていくか

46章 子どもとかかわる力

　教師として仕事をしてその役割を果たしていくには、言うまでもなく、子どもとかかわることが不可欠です。教師としての力量を考えるうえでも、子どもとかかわる力は、その中心と言えるでしょう。本章では、子どもとかかわるということはどういうことであるのか、そのためにはどのような力が必要なのか、そしてそのような力を身につけていくためには、普段どのようなことを心がけるといいのか、こういったテーマについて考えてみたいと思います。

1. かかわることは、かかわり合うこと

　そもそも「かかわる」とはどういうことでしょうか。「子どもにかかわるにはどうしたらいいか」と考え始めると、しばしば、自分は子どもに対して何をすればいいのかと、自分から子どもへと向かう働きかけ方ばかりを、もっぱら考えることになりがちではないでしょうか。しかし、「かかわる」とは、そうした一方向的な働きかけを行うことではありません。「かかわる」ということには、自分から子どもへと働きかけることとともに、子どもから自分へと働きかけられることも含まれています。それは、「かかわり合う」と言ったほうがより正確な事態です。つまり、「かかわる」とは、子どもたちと教師の間の双方向的な働きかけ合い、相互的なやり取りを意味しているととらえるべきでしょう。

　働きかけややり取りは、相手からの反応が返ってきて初めて成立するものです。子どもと教師が一対一で話をしていても、お互いに相手の話に耳を傾けずに、自分の言いたいことだけを相手に向かって話していては、そこにかかわりがあるとは言えないでしょう。反対に、2人とも黙って時間を過ごしていても、2人の間にはかかわり合いがあると言える場合もあります。

　子どもとかかわり合うには、相手の何らかの反応を期待して相手に働きかけようと努めるとともに、子どもから働きかけを受けたら、あるいは子どもから働きかけられていると感じたら、それにしっかりと応答することが大切です。子どもからの教師

198

46章　子どもとかかわる力

への話しかけ、教師の前での子どもの様子の変化、そうしたものに一つひとつしっかりと言葉や行動で応答していくことが、子どもたちとのかかわりを生み出し、確かなものにしていくうえで、基本的に大切なことです。多くの子どもたちは、教師が自分に対して温かい関心を向けてくれることを心から望んでいるものです。

2. 子どもの世界に関心を持つ

　相手が大人であれ、子どもであれ、相手とかかわり、そしてかかわり合いを続けていくには、相手のことを知ろうと努めることが不可欠です。自分自身の経験と価値観だけを基準にしていては、相手を理解することは困難ですし、相手に関する理解を欠いたかかわりは、独りよがりの一方的な押しつけになりやすいものです。

　子ども一人ひとりを理解し、かかわる力の前提として、子どもが生きている世界一般について知ること、そうした世界に積極的に触れようと努めることが大切です。例えば、子どもたちの世界では何が流行しているのか、子どもたちは何をして遊び、学校外の生活をどのように過ごし、何に憧れを抱き、何を恐れ、何を手に入れたいと願い、同世代の仲間とどのようなコミュニケーションを、どのような手段でとっているのかなど、子どもたちの世界に深い関心を寄せることが大事です。それは、単純に子どもたちと共通の話題を持つためではありません。子どもたちが関心を持つゲームやアニメなどの世界は、やはり子どもたちの気持ちの何かを引きつけていることが多いものです。また、世代を超えて子どもたちに愛され支持されるファンタジー小説や映画といった作品にも、子どもの心のあり方の本質について大切なことを教えてくれるものが多くあります。

　そして、何よりも大切なのは、実際に子どもたちと触れ合う経験を持つことです。子どもたちと一緒に遊び、共に活動し、子どもたちの何気ないおしゃべりに耳を傾ける、そうする中で、私たちは思いがけない子どもたちの言動にはっとさせられることがしばしばあります。それまで自分には見えていなかった、想像もつかなかった子どもの世界に目を開かせられるのは、そうした瞬間です。

　相手に対して心からの関心を寄せられること。子どもたちの自由な発想を楽しめること。それが子どもにかかわる力を育む大切な出発点なのです。

199

第6部　教員としてどのように力を身につけていくか

47章　保護者とかかわる力

　教師として、子どもを教育し、その成長を支援していくうえで、保護者との連携が欠かせないことは、これまでにも見てきた通りです。しかし、保護者との関係を築き、必要に応じて連携を図っていくことは、場合によっては子どもとの関係以上に難しいことがあります。

　一般的に、教師として仕事を始めたばかりの、あるいは仕事を始めて数年程度の若手教師にとっては、保護者の大半は自分より年上であり、そもそもどういう心理的な距離感を持って接していいのかが、まだよくわからないでしょう。また、教師としての基本的な力量を積み重ねている途上にあり、まだまだ教師としての自分の振る舞いに自信が持てない時期には、保護者の不安に安心感を与えることは容易ではありません。

　こうした課題は、どう克服し、乗り越えていけばいいのでしょうか。以下に少し考えてみたいと思います。

1.　保護者の心理を理解しようと努める

　まず、基本的なこととして、一般に保護者は自分の子どもに対してどのような気持ちを抱きがちで、学校や教師にどのような期待や気持ちを向けがちであるかを認識しておく必要があるでしょう。

　多くの保護者は、他の子ども以上に自分の子どものほうを大切に思い、学校の中での教育活動に関しては学校が責任を持って子どもを指導してほしいと願い、同時に家庭の養育方針を尊重してほしいと願っているものです。今述べたことは、子どもに公平、平等でありたい、学校の教育方針、指導方針を保護者が家庭でも共有して協力してほしいという、たいていの学校や教師の思いとは、相容れない場合もあるでしょう。しかし、保護者の一般的な気持ちのあり方として、そういう思いがあることを理解しようと努めたうえでなければ、学校の思いや教師の思いを保護者に受け取ってもらえるように届けることは難しいでしょう。

200

47章　保護者とかかわる力

　また、たいていの保護者は、わが子から愛されたいと願い、時には自分に対する
わが子の愛情をつなぎとめるために、周囲からは過度の甘やかしに見える言動をと
る場合があります。こうした保護者ならではの心情を、たとえそのまま容認すること
はできない場合でも、少なくとも理解しようと努めることが大切です。そうした理解
を抜きに、子どもへのかかわり方として不適切に思える保護者の言動の至らなさを
指摘するのみでは、保護者との協力関係を結ぶことは難しくなります。

2. 保護者の立場を理解しようと努める

　保護者は、子どもの保護者であると同時に、自分自身の人生を生きている一人の
大人でもあります。一人の大人としての保護者は、仕事上の悩みを抱えていたり、
中年期に差しかかって自分の人生に迷いを感じていたり、配偶者との関係に悩んで
いたり、自分自身の親や配偶者の親の介護の問題に直面していたり、自分自身の心
身の不調や病気に苦しんでいたりします。時には、こうした問題のすべてが一時に
押し寄せてくることもあります。

　学校や教師から見て、子どもに対して保護者として十分な責任を果たせていない
ように映る保護者たちの中には、上に述べたような問題を抱えながら、わが子に十
分にかかわることができていないという後ろめたさや申し訳なさを感じつつ、日々の
生活を営んでいる人たちも少なくありません。学校での子どもの気になる様子を伝
えたり、子どもへの指導に家庭での協力を求めたりするときには、保護者自身の生
活背景にも思いを寄せる配慮が望まれます。

　例えば、保護者の携帯電話に連絡を入れるとき、保護者がそのときどんな場所で
どういう状況で電話に出ているのかをまったく考慮せずに、教師の伝えたいことを
一方的に伝えるような形にならないように、その時々の保護者の状況の確認を怠ら
ないように気をつけたいものです。場にふさわしい言葉遣いを含め、そうした基本
的な気遣いの積み重ねが、保護者からの信頼を損なわないために、そして保護者か
らの信頼を得るために大切です。

201

第6部　教員としてどのように力を身につけていくか

48章　同僚とかかわる力

　どのような仕事であれ、職務を遂行するうえで自分が困ったときに最も直接的なサポートの資源となるのは、一緒に働く仲間です。純粋に一人きりで仕事が完結するのではない限り、あるいはたとえそういう場合であっても、職務を遂行するうえで同僚とのかかわりは不可欠ですし、そうした同僚とのかかわりの質が、遂行される職務の質やその職場で働くことへの満足度に大きくかかわってきます。このことは、学校現場においてもそのまま当てはまることです。

　学校において同僚とかかわりを持つことの意義と、そのための心構えについて考えてみましょう。

1. 同僚から学ぶ

　教師として職務を遂行するうえで、どう考えればいいのかわからなかったり、具体的にどうすればいいのか思い浮かばなかったり、行き詰まりを覚えて悩む場面は常に出てくるものです。このような場合に、一人で悩みを抱え込み、自力で状況を乗り切ろうとすることは、志のあり方としては悪くないかもしれませんが、賢明な選択とは言えないでしょう。そのようなときには、自分の困っている、悩んでいる状況を同僚に伝え、助言を求めることが大切です。

　学校という場は、自分一人の力で仕事が完結する場ではありません。校務分掌などに見られるように、役割を分担しながら協力して職務に当たることが不可欠です。「報告・連絡・相談」が大事にされるように、一人で問題や情報を抱え込まず、互いに状況をオープンにして共有することが基本になります。

　同僚、とりわけ自分より経験豊かで、自分が悩んでいるのと似た問題を経験したことのある同僚からの助言や意見は貴重です。しかし、同僚からの助言や意見を生かし、同僚から学ぶには、同僚が言っていることに耳を傾けて、それを取り入れてみる必要があります。ところが、これが案外に難しい人が少なくありません。自分の考えにこだわって、自分とは異なる視点からの助言をはねつけてしまいがちなので

202

す。ましてや、自分から助言を求めたのではなく、同僚のほうから、それはこういう
やり方をするほうがいいのではないかと助言されても、耳を貸すことが難しい場合
があります。自分がまだ持っていない経験と知恵を持っている同僚から学ぶチャン
スを、みすみす手放すことのないようにしたいものです。

2. 同僚をサポートする

　同僚から学び、同僚からサポートを得ることが大事なように、同僚をサポートす
ることも大事です。援助や協力を求められたら自分に可能な範囲で引き受けるばか
りでなく、声をかけられなくても、同僚が困っていたり、自分が手を貸せそうに思え
る場面では、自分から積極的に声をかけたり、手伝いを申し出ることが大切です。
教師の職務は、定まった仕事内容を定まった手順で進めれば片づくような性質のも
のではありません。もっと複雑で、臨機応変な対応や創意工夫が必要な仕事です。
そうした仕事においては、互いに助け合い、協力し合いながら、職務を遂行してい
く「同僚性」と、その質の向上が必要とされるのです。

3. 良好な関係を育む

　「同僚性」の基本は、日常のコミュニケーションです。日常のあいさつや、世間話や、
仲間との気晴らしの楽しみのないところに、質の良い「同僚性」は生まれないし、育
まれないでしょう。

　教師の職場での人間関係が良好であるかどうかは、子どもや保護者との関係にも
影響します。子どもや保護者は、学校内の雰囲気や職員室の雰囲気を敏感に感じ取っ
ているものです。また、教師が職場の人間関係から孤立気味であったり、教師間に
強い緊張があったり、互いに冷淡で無関心であったりすると、子どもや保護者が学
校から得られるサポートは制約され、結果的に、教師を安心して信頼することが難
しくなってしまいます。このような点からも、日常的に同僚との関係を大切にし、育
むことが重要になります。

第6部　教員としてどのように力を身につけていくか

49章 社会とかかわる力

　子どもたちが教育を受ける目的は、大づかみに言えば、社会の中でより良く生きる力を身につけるためだと言えるでしょう。学校という制度のあり方も、学校で子どもたちが学ぶ内容も、その時々の社会から大きな影響を受けています。

　そうであるなら、教師自身が一人の社会人としてしっかりと社会生活を営み、それぞれのやり方で、日常的に社会に触れ、社会について考え、体感的に社会への認識を広げ、理解を深めるように努めることが、子どもにとってより意味のある教育を行ううえで大切なことでしょう。

　社会への認識を広げ、理解を深めるには、何をすればいいのでしょうか。もちろん決まったやり方があるわけではありません。一人ひとりが、自分なりのやり方を創造的に見つけていくべきものです。とはいえ、手がかりとして、いくつかの道筋を示すことはできます。

1. 経験を広げる、深める

　社会への認識を広げるには、まず社会と触れ合うチャンネルを増やすことが大切です。現代社会においては、若い世代の人々ほど、情報機器の扱いにたけていて、極端な場合にはスマートフォン一つで日常生活の用の大部分が足りてしまうかもしれません（見方を変えれば、日常生活の大部分をスマートフォンに支配されていると言えなくもありません）。スマートフォンがあれば、瞬時にして世界中のあらゆる情報にアクセスできるかもしれませんが、見方を変えれば、社会とかかわるチャンネルとしてみた場合には、スマートフォンの画面は一つでしかありません。

　チャンネルを増やすとは、例えば、同じ情報であってもアクセスの仕方を変えてみることです。例えば、同じテーマのニュースを、テレビでも見てみる、新聞でも読んでみる、書籍でも読んでみる。どういう方法でアクセスしても、情報に変わりはないのではないかと思うかもしれませんが、決してそうではありません。同じテーマのニュースであっても、いつ、どのような状況で、どのような媒体を通じて、具

204

体的にどのような内容に触れるかによって、その受けとめ方は少しずつ異なるものです。コンテクスト次第で、あるいはそれを見る視点や立場次第で、物事が違って受けとめられることを経験することで、経験は少しずつ奥行きを持った立体的なものになっていき、やがて経験同士がつながり始めるのです。

2. 「他者」と向き合う

　経験を広め、深めていく中で、同じ時代を生きる人々の、過去に生きた人々の、さまざまな考えや思い、行動に触れていくことになります。その中には、自分には思いも及ばなかった、想像もつかなかった、気づきもしなかったものが、たくさんあるはずです。そうした、自分にとってこれまで未知なもの、未経験なもの、新しいものに積極的に接する機会を持とうと努めることが大切です。

　自分の好みに合うもの、気の合う人たちと、自分にとって心地よい生活を構築することも価値あることでしょう。それと同じくらいに、あるいはそれ以上に、異質なもの、意見を異にする（かもしれない）人々と触れ合い、語り合い、対話を積み重ねることには意義があります。それは、努力を要することであり、時にはとても困難なものにもなり得ますが、そこに向き合おうとすることが、一人ひとりが社会とかかわり合う力を高め、自分の人生の可能性を広げてくれるでしょう。

　気の合う人たちとも、意見の異なる人たちとも、文化的背景の異なる人たちとも、共に生きていく力は、とりわけ「ボーダーレス化」が進む現代社会の中では不可欠です。そうした力を育んでいかなければ、私たちは容易に悪い意味での「自文化優位主義」に陥ってしまうでしょう。それは、人々の間の対話をひどく困難にしてしまいかねません。

　学校は、多様性を持ち潜在的な可能性を秘めた子どもたちが集まって共に生きる場です。その子どもたちに向き合う教師自身が、多様性に耳を傾け、可能性に心を開くことができなければ、子どもたちや保護者と関係を築くことも、子どもたち同士の関係を育むことも難しいでしょう。同僚性を築くことも危うくなります。人々との関係を育み、学校が直面する問題を社会という文脈からとらえ直す力を得ていくために、自分自身が社会とかかわる力を着実に身につける努力が望まれます。

第6部 教員としてどのように力を身につけていくか

50章 | 学び続ける態度

1. 「学び続ける」の意味

　2022年の中央教育審議会答申「『令和の日本型学校教育』を担う教師の養成・採用・研修等の在り方について」には、「高度な専門職である教師は、自己の崇高な使命を深く自覚し、絶えず研究と修養に励み、その職責の遂行に努める義務を負っており、学び続ける存在であることが社会からも期待されている」と述べられています。「研究と修養」については、以前から、「法律に定める学校の教員は、自己の崇高な使命を深く自覚し、絶えず研究と修養に励み、その職責の遂行に努めなければならない」（教育基本法第9条）、「教育公務員は、その職責を遂行するために、絶えず研究と修養に努めなければならない」（教育公務員特例法第21条）など、法的にもその重要性が定められています。

　向上心を失い、日々の営みを振り返り改善を図ることもなく、漫然とパターン化した業務を繰り返し、現状に甘んじるようなあり方は、教育職だけではなく、どんな職業においても望ましいものではないでしょう。

　さらに、先の答申では、専門職大学院である教職大学院だけではなく学部段階においても、理論と実践を往還させた省察力による学びを実現する必要があると示されています。この「省察」の概念について、アメリカの哲学者ショーン（Schön, D.A.）は、複雑化する現代社会においては、技術的合理性に基づく技術的熟達者養成の考え方ではなくて、行為の中の知に基づく省察的実践家という専門家像が重要であると指摘しています。そして、ショーンの考え方を踏まえて、佐藤(1996)は、学習指導について、授業を所定のプログラムの遂行と見なす「技術的実践」として認識するだけではなく、教室の「今ここで」生起する「出来事」の意味とかかわりを編み直す「反省的実践」として認識することが重要であると述べています。さらに、日々の児童生徒とのかかわりの中で、教師の思惑や計画を裏切って起こる「出来事」に対して、教師がどのような態度で臨むのかによって、授業と学びの過程を機械的で形式的なシステムに閉じ込めることもあるし、そのシステムの枠を壊してダイナミックで創造的な過

206

程へと再構成するものともなると指摘しています。

「技術的実践」と「反省的実践」の概念は、「収束思考」と「拡散思考」という概念とも関係しています。収束思考とは、問題解決に有用な情報源から材料を寄せ集める方法で、明快な正解に至るように定義された問題にはよく機能します。これに対し、一つの問題について可能な解決方法をいくつか考え出し、それを構成成分に分解し、部分と部分をまとめ直し、異なるか予期しない方法で問題解決する方法が拡散思考で、十分に定義されていない問題を多面的に解決するのによく機能します（Sousa & Pilecki, 2013）。

「省察」「反省的実践」「拡散思考」は、個別性・現実性・関係性を重視する「臨床の知」と通底しており、「学び続ける」という言葉が、単線的な因果関係で論じることができない教育課題を臨床的な観点から考えていくことの重要性を示しているととらえることもできるでしょう。

2. 「学び続ける」の留意点

このように、「学び続ける」という概念は重要ではありますが、留意しておきたい点もあります。それは、「学び続ける」が生真面目な教員に対する強迫的なプレッシャーとなり、場合によると燃え尽き症候群（バーンアウト）を誘発しかねないという点です。文部科学省の「人事行政状況調査」でも、精神疾患による病気休暇取得者・休職者数は年々増加していますが、筆者（阿形）は、企業経営等におけるマネジメント論や「発展・成長・進歩」に偏った競争原理・成果主義が安易に教育の世界に持ち込まれたことによる弊害も一因ではないかと感じています。

「学び続ける」が必要な根拠として、激動する社会の変化への対応が挙げられることがあります。「グローバル化・情報化が進展するSociety 5.0 時代」というような時代認識もその一つです。それは決して間違いではありませんが、日本史が専門の元高校社会科教諭としては、例えば明治維新の頃や戦後の混乱期に比して現代社会が取り立てて激動する社会であるとは思えません。にもかかわらず、「激動」や「変化」ばかりを強調し「これまでのやり方では通用しない」と訴えかけることは、むやみに不安をかき立てる方向に働く危険性もあるように思われます。

「学び続ける」が、数値目標を達成することや成果を上げることと関連づけて言及

第6部　教員としてどのように力を身につけていくか

されることもあります。例えば学校経営について、校長は教育委員会から数値目標を含めた学校経営計画を求められることがあります。それは、先に述べたように、現状に甘んじるのではなくさらなる改善に努めるという点で一定の意義はあります。しかしながら、言うまでもありませんが、教育の成果には数値によって表すことができないものもあります。さらに、例えば遅刻数や大学進学実績などは数値化できるものですが、マネジメントの考え方では「現状維持」は認められないので、「学び続ける」圧力下で校長は、目標設定の妥当性や現実性を見通さないままで、成果の数値を年次ごとに機械的・段階的に増やし、課題の数値を年次ごとに機械的・段階的に減らすしかない、ある意味で「無間地獄」とでも言うべき状況も見受けられます。

　また、例えば学力・学習状況調査の結果に対する教育行政の対応を見ていると、数値目標の「数値」の意味を表面的にしかとらえていないのではないかと思われることもあります。文部科学省は、学力・学習状況調査について、児童生徒の状況を把握・分析し、教育施策や教育指導の改善・充実に活用することが目的であり、数値データを上昇させることが主たる関心事とならないようにと示しています。にもかかわらず、一部には、都道府県別の順位をもとにその上昇に向けて発破をかける首長が散見されます。しかし、都道府県別の順位という数値は必ず1位もあれば47位もあるものです。例えば正答率（何パーセント以上であれば基本的な学力は身についていると判断できる数値）を基準に考えれば、47都道府県がすべて数値目標を達成するという結果もありうるはずです。ですから、数値目標としてどの指標を選ぶかということは、教育に関する見識が問われる判断でもあるわけです。さらに言えば、2章で述べたように、平均や順位等の数値は、児童生徒の学力・学習状況の「聖なる一回性」を捨象することで成り立っているものであることを忘れてはいけないと思います。

　「学び続ける」は、人にとっての休息の必要性を見失う危険性も持っています。2016年に公布された教育機会確保法（義務教育の段階における普通教育に相当する教育の機会の確保等に関する法律）では、不登校児童生徒の休養の必要性を踏まえた支援の重要性が示されました。校訓や教育目標等には、よく、「努力」「勤勉」「元気」「創造」「進取」「自主」「自立」等の言葉が見られます。これらは、学校教育の目標や願いを示す概念として意義があるものでが、結果的にこれらは、「一息つくこと」「誰かを頼って安心すること」の必要性を見落としてしまう危険性があります（阿形, 2016c）。「生き抜く力」は「息抜く力」の裏打ちがあってこそ生まれるものだと筆者は考えています。きたや

208

ま (2016) は、「人には、心がほっとして、安心できるような『楽屋』が必要です。表の役割を演じている自分が、裏の本来の自分に戻り泣きわめく場所です。ところが、現代人には『楽屋』がなくなりつつあります」と述べ、楽屋の喪失によって、「表」ばかりになってしまい、安心して自分を置いておける「裏」という場（心を落ち着かせるような時間的・空間的なゆとりが持てる場）がなくなっていると指摘しています。このような考え方に立つならば、休息の必要性は、児童生徒だけではなく教員にとっても当てはまるものです。

　「学び続ける」は、「発展・成長・進歩」等の右肩上がりの価値観と関連している側面もあります。例えばPDCAサイクルを駆動して継続的な改善を図るという考え方の背景には、「前進しないことは後退すること」という信条があるのかもしれません。繰り返しになりますが、そのような向上心は確かに大切なことではあります。しかしながら、それが経済的な「発展・成長・進歩」だけをイメージしているのであるならば、今一度問い直してみる必要があるように思います。

　教育課題は、「政治の論理」や「経済の論理」と隔絶して論じることはできませんが、「教育の論理」の独自性を見失わないことも重要です。例えば小学校における外国語活動の早期化や教科化も、「グローバル時代の経済競争を勝ち抜く産業兵士の育成」という政治的・経済的な要請からきている側面も冷静に見ておく必要があります。教師は、英語教育改革を単なる語学力の問題、早期学習によるスキルアップの問題としてではなく、「寄って立つ母語が異なる人と人が、互いに相手の立場（言語や文化）を推し量りつつ、共に生きるための知恵」の問題として主体的にとらえ直すことが求められると筆者は考えています。

　少子高齢化が進み生産年齢人口が減少し市町村が消滅する危機に直面している地方では、近年、「発展・成長・進歩」に関連しているGNP（国民総生産）重視の枠組みからGNH（国民総幸福量）重視の枠組みへ転換し、学校と地域の活性化を図っている取り組みも生まれてきています。このように、真の意味での「学び続ける」は、教育を根源的に問い直す作業を繰り返していくことではないでしょうか。

第6部　教員としてどのように力を身につけていくか

51章 共感的理解とスーパーヴィジョン

カウンセリングでは「共感」が重視されています。教師の学校臨床力にも、共感性は大切です。なぜなら、児童生徒理解に子どもへの共感的理解は欠かせないからです。しかし、実際に相手に共感するとは、どのようなことなのでしょうか。また、共感できないときには、どうすればよいのでしょうか。

1. 共感と同情

次のような場面を考えてみましょう。あなたが何かに悩んでいるときに、傍らにいる相手から慰めの言葉をかけられました。しかし、それはあなたからすると「同情された」と感じるものでした。このような場合に、あなたはどのような気持ちになっているでしょうか。おそらく、相手が勝手にわかった気になっているだけで、同情などしてほしくない、という相手への怒りに近い気持ちだと思います。

では相手から「共感された」と感じる場合はどうでしょうか。あなたは、自分一人で孤立しているのでなく、他者に「わかってもらえた」と感じていそうです。また、相手に理解されることで、自分の問題を少し離れて眺めることができ、客観化の手助けになる場合もあるでしょう。このように、共感される体験になる場合は、安心感を抱いたり、自己理解が進んだりする可能性があります。

今度は、あなたが相手の気持ちを感じる場合を考えてみましょう。共感しようとあなたは思っていますが、相手に対して「共感した」のか、それとも「同情した」のかは、実際のところあなたにはよくわかりません。その判断をするのは結局のところ相手であり、あなたは自分に生じた体験をもとに試みの理解をして、それを相手に伝えているだけなのです。このことは日常の対人場面に当てはまりますし、カウンセリングや学校臨床でも同様です。共感しようという態度が、カウンセラーにも教師にも必要ですが、「いつも相手に共感できる」と思っているなら、それはとてもおかしな話で、思い込みの世界に浸っているだけと言えます。

教師が子どもに「共感した」と思う場面があるなら、それは大切な瞬間ですが、試

210

みの理解として子どもに伝え、確かめてみることが必要です。いつ、どのように尋ねるのかは状況によりますが、思い込みの「同情」ではないか、と自省する過程は必要です。欧米に比べ日本の対人関係のあり方には、他者との関係を大切にするあまり、関係が切れたように感じることに過敏になる面があります。それが「共感」という言葉に結びつきやすく、「共感できた・できない」にとらわれやすくさせていると言えます（角田，2010）。

2. 共感性のポジション

ここまでに見てきたように、共感は学校臨床を進めるうえで大切なことですが、それを生かすには、むしろ相手の気持ちがわかるときとわからないときを、しっかりと見極めることが必要です。それを表したのが図10です（角田，1994, 1998）。

縦軸は相手の気持ちを感じる「共有経験」の高低を示しています。相手の気持ちをよく共有する

図10　共感性のポジション

と思う人は、真ん中から上のほうになり、そうでない人は下になります。横軸は「不全経験」の程度で、相手の気持ちがよくわからない、ピンとこないという経験です。そういう不全経験がよくあると感じる人は真ん中より右側に、不全経験はあまりない人は左側になります。この２つの軸をクロスさせると、４つの状態やタイプを想定することができます。

まず右上の「両高状態」は、相手の気持ちがわかる場合とわからない場合の両面に開かれた状態です。つまり、自分が感じたことをよく内省できており、おそらく現実的な共感がなされると言えます。

左上の「共有過剰状態」は、相手の気持ちがわかると感じる度合いが一面的に強くなっています。先に見た「同情」のように、教師の思い込みが強く、子どもに対して

第6部　教員としてどのように力を身につけていくか

本当の意味ではオープンになれていないと言えます。良い関係を維持することに関心が向きすぎているのかもしれません。

　右下の「不全過剰状態」では、子どもの気持ちがわからないという思いが一面的に強くなっています。教師は自分が機能していないように感じたり、子どもとの間に溝を感じたりしています。共有過剰状態の裏返しであり、孤独感が強まったり、共感への焦りを抱いていたりするかもしれません。

　左下の「両貧状態」では、教師はどちらの経験にも開かれていません。燃え尽きてしまって無気力な状態にある場合や、感情の動きが抑制されているのかもしれず、対人場面で生じる心の動きに反応しにくくなっているようです。

　このように、一人の教師であっても、相手によって4つの状態が変わるでしょうし、同じ子どもとのかかわり合いでも、継続していれば、その流れの中で状態がさまざまに変わると言えます。

3. 体験のとらえ直しとスーパーヴィジョン

　共感的な理解を目指すには、相手の体験に注目することが必要ですが、実は自分の状態や体験を内省することがとても大切になります。

　カウンセリングでは、カウンセラーは相談に来たクライエントの状態を想像して、相手の立場に自分を置くことを集中的・意図的に行っています。カウンセラー自身のこれまでの経験が思い出され、クライエントの体験はこのような感じだろうと思うこともあれば、似たような経験は想起されず、簡単にその体験に近づけないこともあります。似たような気持ちになるどころか、うんざりした気持ちになったり、イライラしたり、腹が立ってくることがあるかもしれません。

　ここに述べたような状態は、およそ共感とは無関係に見えるかもしれません。しかし、2人の関係の中で起こってきた体験であるのは確かであり、それを手がかりに何が起こっているのかを少しでも見極める視点が必要になります。

　カウンセラーの訓練では「スーパーヴィジョン」が必須です。これは、スーパーヴァイザーと呼ばれる経験のある他のカウンセラーのところに、訓練中のカウンセラーが自分の担当ケースを相談に行く形式で行われます。スーパーヴァイザーは直接その2人のやり取りは見ていませんが、報告者のカウンセラーが語る面接内容を聞いて、

51章　共感的理解とスーパーヴィジョン

カウンセラーが何を体験しているのかを明確にし、またクライエントの思いを想像しながらコメントをしていきます。つまり、一見すると共感とは思えない体験を振り返りながら、少しずつ理解につなげる作業をしていきます（角田, 1995）。

　訓練の目的は、スーパーヴァイザーの視点を、訓練を受けているカウンセラーが少しずつ自分のものにしていくことです。つまり、自分の体験から少し距離を置いて理解できるように、「とらえ直す」能力を高めようということです。長い目で見ると、こうした訓練が共感性を高めることになります。

4. 教師のスーパーヴィジョン

　スーパーヴィジョンは、教師の学校臨床力を高めるうえでも有効です。ただし、カウンセラーのように相談だけが仕事ではないので、教師の訓練として定着しているわけではありません。そこで、教師のためのスーパーヴィジョンとして、次の3つが考えられます。

① スクールカウンセラーを活用したスーパーヴィジョン
② 教育センターなどの連携機関のカウンセラーを活用したスーパーヴィジョン
③ 教師による教師のためのスーパーヴィジョン

　①はその学校にスクールカウンセラーがいるかどうか、②は教育委員会の相談課などにカウンセラーがどのように配置されているかに影響されます。③は本来のあり方と言えます。それが実現するためには、スーパーヴィジョンの意義や、37章で見た「教師モードとカウンセラーモード」の柔軟な使い分け、また42章のケース会議の進め方などをわかった、学校臨床力の高い教師がスーパーヴァイザーになることが求められます。

　共感性の高い教師を育成するには、学校現場にこうした「振り返り」の機会をつくることが何よりも大切です。

第6部　教員としてどのように力を身につけていくか

52章 学校臨床力向上のための教師のトレーニング

　教師が学校臨床力向上の研修を行う具体例として、京都連合教職大学院で行われている事例検討会、カウンセリングのロールプレイ、箱庭療法を用いた体験学習を紹介します。

1. 事例検討会

（1）事例検討会の目的

　教師は多くの子どもたちと出会い、さまざまな体験をしています。しかし、そうした体験を振り返る時間は、学校現場には十分にありません。また、教師教育では事例検討や、42章で述べたケース会議について実践的に学ぶ機会が多いとは言えません。しかしながら、学校教育だけでなく、心理、医療、福祉などの対人支援にかかわる職業では、一つの事例を丁寧に検討する事例検討会はとても大きな意味を持っています。

　教師にとっての目的は、子ども理解とともに自己理解を深めること（省察すること）であり、教師と子どものかかわり合いの実際について学ぶことにあります。ある教師とある子どもという、個別性の高い「一つの事例」ですが、だからこそ、個性のある子どもを理解するとは、具体的にどのようなことであるかを、報告者と共に体験的に学ぶことができます。「こうやったら子どもが良くなる」といった単純化した話ではなく、教師と子どもという、生きた2人の「かかわり合い」と、その中で人はどう変化・成長しうるのかについて、事例検討会は私たちにさまざまな体験を喚起しながら教えてくれます。

　また、組織的な学校臨床力の観点からすれば、事例報告者を批判するための場にするのではなく、仮に同じ学校組織の同僚であるなら、どのように報告者である教師を支えられるか、共通理解を図るのか、といった目的意識を持ちながら事例検討会に参加することが、同僚性を高めることにつながります。

214

（2）進め方

　参加者は守秘義務についてしっかりと事前学習をする必要があります。事例報告では、報告者となる教員がこれまで出会った子どもとのかかわり合いについて発表します。構成メンバーとしては、報告者のほかに、進行を務め時間の管理をする司会者、最終的な見立てを行う助言者がいると進めやすいでしょう。

　報告者は事前に資料を作成する必要があり、42章で紹介した「事例検討用フォーマット」を用いると便利でしょう。報告者が事例検討会で「何に焦点を当てたいのか」を初めに述べてから報告を行うと、他の参加者も方向性を共有しやすくなります。90分の時間で考えると、30分程度で報告と質疑応答を行います。次の30分で、参加者の人数によりますが、全員が報告を聞いて思ったことを語れるようにグループに分かれて話し合う時間をつくるなど、ディスカッションとその発表を行います。残りの30分は助言者が事例についての見立てを行います。全体を通して、報告者は、他の参加者や助言者からのフィードバックを受けることで、自分の取り組みを振り返って省察することになり、子どもについて、また2人の関係について、再検討する機会を得ることになります。

2. カウンセリングのロールプレイ

（1）カウンセラーモード

　教師もカウンセリングの方法や人格理解に関する心理学の知識を持っていて、状況に応じて活用できることは学校臨床力の一つと言えます。37章で解説した「教師モード」と「カウンセラーモード」は、対人的なかかわりの姿勢の違いであり、実際にロールプレイで体験してみるのが最もわかりやすい学習方法でしょう。カウンセラーモードは、子どもや保護者が教師に何か相談しようと話をしに来た状況（相談場面）で求められる姿勢です。

　相談場面でどのようなことに留意するかは、37章の2節と3節を参照してください。

（2）相談場面で何を目的にするのか

　相談場面での教師の課題とは、相談に来た相手（子どもや保護者）を理解することと言

第6部　教員としてどのように力を身につけていくか

えます。それに加えて、相手が「相談してよかった」と感じてもらえる場面にしたいということがあります。その根本的な要素になるのは「この先生は自分のことをわかってくれた」「わかろうとしてくれた」という、他人にわかってもらえたという体験です。これらは表裏のように見えますが、こちらはわかったつもりになったのに、相手としては全然話が通じず相談しないほうがよかった、となることもあります。ですから、一生懸命に相手の話を聞き、相手を少しでも理解することが目的ですが、「他人にわかってもらえた」という体験は相手次第なので、目的というよりも期待ということになります。

(3) 進め方

　2人でペアをつくり、カウンセラー役 (Co)、クライエント役 (Cl) を決めます。時間は5分間で、話題は「自分の好きなこと」とし、Co役から「あなたの好きなことや趣味について教えてください」と話してロールプレイを始めます。Co役は相手の好きなことを少しでも理解しようと話を聞き、質問をし、5分間という時間の枠も管理します。Cl役は本当に自分が好きなことを話します。

　ロールプレイが終わったら、その後で振り返りの時間を同様に5分間とります。ここでは、まずCo役からロールプレイで感じたことの振り返りを話し、次にCl役がどのように話ができたか・できなかったか感想を話します。それからCoとClの役割を交代して、同じようにロールプレイと振り返りの10分間のセッションを行います。話題は他にアレンジして行ってみるのもよいと思いますが、あまり重いものにならないほうがよいでしょう。

3. 箱庭療法を用いた体験学習

　箱庭療法とは、Coが見守る中、相談に来たClが自発的に砂箱の中にミニチュア玩具を置くことや、砂そのものを使って、自由に何かを表現するという非言語的な心理療法です（写真を参照）。普段気づかない自分やイメージが表現され、無意識的な自分との対話や対決が深まることが期待されます。38章のユングの分析心理学の項目も参照してください。

216

（1）体験学習の目的

　Co役として、相手が自由に自分を表現できる場（時間と場所）を提供する意義を学ぶことと、自分自身がCl役になり非言語的な自己表現を体験すること、の両方を目的とします。また、その後の振り返りを通して、自己理解・他者理解を深めることも大切な目的です。振り返りでは、箱庭療法について知見のあるコーディネーターの存在が必要です。

（2）役割分担と進め方

　まず、箱庭療法用具がある部屋で受講生がペ

写真　砂箱とミニチュア玩具を収めた棚

アを組み、Co役、Cl役の順番を決めます。前半・後半で各々の制作時間は15分間です。前半のCo役が「ここにある砂箱に、棚のミニチュアを自由に使って、好きな世界をつくってください。時間は15分間で、5分前に一度声をかけます」と教示します。Co役は時間と場所の枠を守りつつ、Cl役が自由に箱庭制作するのを見守ります。コーディネーターや他に観察者がいる場合は、静かに2人を見守ります。Cl役が自ら時間内に制作を終えるか、15分が過ぎれば終了とします。双方の感想を述べ、写真を撮り記録とします。2人で箱庭を片づけてから役割を交代し、同じ手順で後半を行います。

（3）振り返り

　前半・後半の箱庭制作が終わった後に、写真を見ながら、コーディネーターが各々の箱庭作品について、その制作プロセスも含めてコメントをし、受講生とやり取りをしながら、振り返りを行います。受講生の各々の体験を大切にしながら、箱庭という媒体に各々の個性がいかに多様に表れるかを確認し、人の変化や成長がこうした表現に示されることの意義を共有していきます。

文 献

阿部彩（2008）『子どもの貧困――日本の不公平を考える』岩波書店

阿形恒秀（2015）「理想は『行くえを照らす星』」『徳島教育』1166, 6-8.

阿形恒秀（2016a）「問題行動にどうかかわるか」『月刊生徒指導』46（13）, 14-17.

阿形恒秀（2016b）「『ゆるす心』と生徒指導」『時評とくしま』徳島新聞2016年7月8日付コラム

阿形恒秀（2016c）「夏休みの積極的意味」『月刊生徒指導』46（10）, 14-17.

阿形恒秀（2017）「学力テスト考」『時評とくしま』徳島新聞2017年8月4日付コラム

阿形恒秀（2018）『我が子のいじめに親としてどうかかわるか――親子で考える「共に生きる意味」』
　　ジアース教育新社

阿形恒秀（2021a）『教育臨床の視点に立った生徒指導』学事出版

阿形恒秀（2021b）「体罰は『愛のない力』」『月刊生徒指導』51（9）, 24-27.

阿形恒秀（2024）「不登校と教育機会確保法」『健康教室』75（9）, 18-21.

土井隆義（2009）『キャラ化する／される子どもたち――排除型社会における新たな人間像』岩波書
　　店

Erikson, E. H. (1959) *Identity and the Life Cycle*. New York: International Universities Press.（エリク
　　ソン, E. H.　西平直・中島由恵訳（2011）『アイデンティティとライフサイクル』誠信書房）

藤岡淳子編著（2008）『関係性における暴力――その理解と回復への手立て』岩崎学術出版社

五木寛之（1997）『生きるヒント4――本当の自分を探すための12章』KADOKAWA

角田豊（1994）「共感経験尺度改訂版（EESR）の作成と共感性類型化の試み」『教育心理学研究』42
　　（2）, 193-200.

角田豊（1995）「とらえ直しによる治療者の共感的理解とクライエントの共感性について」『心理臨床
　　学研究』13（2）, 145-156.

角田豊（1998）『共感体験とカウンセリング――共感できない体験をどうとらえ直すか』福村出版

角田豊（2008）「児童生徒理解・ケース会議・教師のための事例研究用フォーマット」『児童心理』66
　　（18）, 21-28.

角田豊（2010）「"人の気持ちがわかる"とは――共感の心理学」『児童心理』64（10）, 1-10.

角田豊（2014）「学校教育とコフートの自己心理学――生徒指導, キャリア教育・進路指導, 教育相
　　談, 特別支援教育において児童生徒との関わりと理解を深めるために」『京都教育大学紀要』
　　125, 15-29.

角田豊編著（2019）『子どもとの関係性を読み解く　教師のためのプロセスレコード――学校臨床力
　　を磨く自己省察とグループ省察会』金子書房

文献

角田豊編著（2020）『学校臨床力を磨く事例検討の進め方──かかわり合いながら省察する教師のために』創元社

角田豊・片山紀子・小松貴弘編著（2016）『子どもを育む学校臨床力──多様性の時代の生徒指導・教育相談・特別支援』創元社

かんもくネット（2008）『場面緘黙Ｑ＆Ａ──幼稚園や学校でおしゃべりできない子どもたち』学苑社

菅野仁（2008）『友だち幻想──人と人の〈つながり〉を考える』筑摩書房

葛西真記子編著（2019）『LGBTQ＋の児童・生徒・学生への支援──教育現場をセーフ・ゾーンにするために』誠信書房

河合隼雄（1983）『大人になることのむずかしさ──青年期の問題』岩波書店

河合隼雄（1986）『宗教と科学の接点』岩波書店

河合隼雄（1992a）『子どもと学校』岩波書店

河合隼雄（1992b）『心理療法序説』岩波書店

きたやまおさむ（2016）『コブのない駱駝──きたやまおさむ「心」の軌跡』岩波書店

きたやまおさむ・前田重治（2019）『良い加減に生きる──歌いながら考える深層心理』講談社

国立教育政策研究所（2013）『OECD生徒の学習到達度調査（PISA）』国立教育政策研究所ホームページ

国立教育政策研究所編（2014）『教員環境の国際比較──OECD国際教員指導環境調査（TALIS）2013年調査結果報告書』国立教育政策研究所ホームページ

京都府総合教育センター（2007）『信頼ある学校を創る──学校に対する苦情への対応』京都府総合教育センターホームページ

京都府総合教育センター（2009）『信頼ある学校を創るⅡ──学校に対する苦情の争点と教職員の心構え』京都府総合教育センターホームページ

京都市学校問題解決支援チーム（2020）『京都市学校問題解決支援チーム「提言」冊子及びリーフレットについて』京都市教育委員会ホームページ

三浦綾子（1996）『明日のあなたへ──愛するとは許すこと』集英社

文部科学省（1999）『学習障害児に対する指導について（報告）』文部科学省ホームページ

文部科学省（2001）『出席停止制度の運用の在り方について（通知）』文部科学省ホームページ

文部科学省（2002）『通常の学級に在籍する特別な教育的支援を必要とする児童生徒に関する全国実態調査（調査結果）』文部科学省ホームページ

文部科学省（2007）『問題行動を起こす児童生徒に対する指導について（通知）』文部科学省ホームページ

文部科学省（2010）『生徒指導提要』教育図書

文部科学省（2011）『中央教育審議会答申　今後の学校におけるキャリア教育・職業教育の在り方に

について』文部科学省ホームページ

文部科学省（2012a）『共生社会の形成に向けたインクルーシブ教育システム構築のための特別支援教育の推進（報告）』文部科学省ホームページ

文部科学省（2012b）『通常の学級に在籍する発達障害の可能性のある特別な教育的支援を必要とする児童生徒に関する調査結果について』文部科学省ホームページ

文部科学省（2015a）『チームとしての学校の在り方と今後の改善方策について（チームとしての学校・教職員の在り方に関する作業部会　中間まとめ）』文部科学省ホームページ

文部科学省（2015b）『性同一性障害に係る児童生徒に対するきめ細かな対応の実施等について』文部科学省ホームページ

文部科学省（2017a）『いじめの防止等のための基本的な方針（改定）』文部科学省ホームページ

文部科学省（2017b）『児童生徒の教育相談の充実について――学校の教育力を高める組織的な教育相談体制づくり（報告）』文部科学省ホームページ

文部科学省（2019）『中央教育審議会答申　新しい時代の教育に向けた持続可能な学校指導・運営体制の構築のための学校における働き方改革に関する総合的な方策について』文部科学省ホームページ

文部科学省（2022）『生徒指導提要（改訂版）』東洋館出版社

文部科学省（2023）『令和4年度　児童生徒の問題行動・不登校等生徒指導上の諸課題に関する調査結果』文部科学省ホームページ

文部省（1981）『生徒指導の手引（改訂版）』大蔵省印刷局

森口朗（2007）『いじめの構造』新潮社

森田洋司（2010a）「『生徒指導提要』とこれからの生徒指導」『生徒指導学研究』9，11-16.

森田洋司（2010b）『いじめとは何か――教室の問題，社会の問題』中央公論新社

中島らも（1991）『中島らものますます明るい悩み相談室』朝日新聞社

中村雄二郎（1992）『臨床の知とは何か』岩波書店

中野民夫（2001）『ワークショップ――新しい学びと創造の場』岩波書店

Palmer, P. (1988) *The Mouse, The Monster & Me: Assertiveness for Young People.* Weaverville, CA: Boulden Publishing.（パルマー，P. eqPress訳（1994）『ネズミと怪獣とわたし――やってみよう！アサーティブトレーニング』出版工房原生林）

Reed, E. S. (1996) *The Necessity of Experience.* New Haven, CT: Yale University Press.（リード，E. S. 菅野盾樹訳（2010）『経験のための戦い』新曜社）

佐藤学（1996）「授業という世界」稲垣忠彦・佐藤学『授業研究入門』岩波書店

重松清（2005）『うちのパパが言うことには』毎日新聞社

総務省（2024）『労働力調査（詳細集計）2023年（令和5年）平均結果の概要』総務省ホームページ

Sousa, D. A. & Pilecki, T. (2013) *From STEM to STEAM: Using Brain-Compatible Strategies to*

文献

Integrate the Arts. Thousand Oaks, CA: Corwin.（スーザ, D. A. ピレッキ, T. 胸組虎胤訳（2017）『AI時代を生きる子どものためのSTEAM教育』幻冬舎）

多田富雄（1995）『ビルマの鳥の木』日本経済新聞社

高橋知己・小沼豊（2018）『いじめから子どもを守る学校づくり──いますぐできる教師の具体策』図書文化社

為末大（2013）『諦める力──勝てないのは努力が足りないからじゃない』プレジデント社

鑪幹八郎（1990）『アイデンティティの心理学』講談社

寺脇研（2018）『危ない「道徳教科書」』宝島社

上原崇（1993）『生徒指導と子どもの人権』東信堂

氏家治（1988）『教育の原点──理論とその実証』大日本図書

鷲田清一（2012）『大事なものは見えにくい』KADOKAWA

山口周（2017）『世界のエリートはなぜ「美意識」を鍛えるのか？──経営における「アート」と「サイエンス」』光文社

山下一夫（1999）『生徒指導の知と心』日本評論社

山下一夫（2023）「『生徒指導提要（改訂版）』が示すこれからの生徒指導」『月刊生徒指導』53（1），14-17.

Zehr, H. (1995) *Changing Lenses: A New Focus for Crime and Justice.* Scottdale, PA: Herald Press.（ゼア，H. 西村春夫・細井洋子・高橋則夫監訳（2003）『修復的司法とは何か──応報から関係修復へ』新泉社）

索引

人名索引

上原崇　155
氏家治　133
エリクソン　22
河合隼雄　12, 138, 144
きたやまおさむ　208
コフート　61
佐藤学　206
重松清　143
ショーン　206
テンニース　140
藤岡淳子　154
フロイト　167, 170, 172
マザー・テレサ　143
三浦綾子　139
森田洋司　46, 49, 132, 135
ユング　168　171
ロジャーズ　166

事項索引

■あ行

アイデンティティ　27
アイデンティティの確立 対 アイデンティ
　ティの拡散　26
アサーショントレーニング　51
アスペルガー症候群　68
アセスメント　79, 84, 89, 104, 110, 186
遊び　40
アレルギー　123
安心感　118
安全感　118
安全基地　8

意識　170
いじめ　30, 94, 106
　——加害　97
　——の重大実態　94
　——被害　96
　——傍観　98
　ネット——　98
いじめ防止対策推進法　94
依存　26, 96, 105
　ネット——　93
依存症　93
医療機関　195
インクルーシブ教育　75
インターネット問題　92
打ち消し　173
ADHD　72
エディプス・コンプレックス　167
応報的正義　100
応用行動分析　169
OECD国際教員指導環境調査（TALIS）　185
置き換え　173
オペラント条件づけ　169
親子関係　28

■か行

カウンセラーモード　162
　——のポイント　163
カウンセリング　166
　——の基本的な枠組み　165
　——の時間の枠組み　165
　——の場所の枠組み　165
　——の面接者という枠組み　165
　子どもや保護者との——　189
科学の知　10
かかわり合うこと　198
かかわる力　6
　子どもと——　198

索引

社会と—— 204
同僚と—— 202
保護者と—— 200
拡散思考 207
学習活動 36
学習指導 6，42，145
学習障害 70
隔離（分離） 173
学力保障 12
過剰適応 105
課題対応能力 55
学級 37
学校環境 88
学校教育法第11条 148，150
学校行事 38
学校教職員への研修 190
学校教職員へのコンサルテーション 189
学校生活 39
学校と家庭の間のライン引き 177
学校における働き方改革 185
学校臨床力 6，10，14，17，135
組織としての—— 184
家庭 32
——についての理解 176
休息の場としての—— 33
人生の基地としての—— 32
生活習慣形成の場としての—— 33
家庭環境 88
家庭状況の困難さ 107
家庭文化 34
関係 14，16
関係修復的正義 100
関係性 6，13，140
——の構築 186
縅動 124
基礎的・汎用的能力 54
基本的信頼 対 不信 23

虐待 29
児童—— 116
身体的—— 117
心理的—— 117
性的—— 117
キャラ 30
キャリア 53
——教育 52
——プランニング能力 55
ライフ—— 53
ワーク—— 53
ギャングエイジ 30
教育機会確保法 208
教育基本法 134
教育支援センター 110，192
教育センター 194
教育の「胡散臭さ」 196
鏡映欲求 63
共感 210
共感性のポジション 211
共感的理解 167
行事 38
教師との関係 31
教師のコミュニケーション能力 43
教師モード 162
規律指導 137
勤勉性 対 劣等感 25
苦情 178
ぐ犯少年 113
クライエント（来談者）中心療法 166
グループエンカウンター 50
グループワーク 50
クレーム 178
経験 14，16
——の危機 14
——を広げる、深める 204
子どもたちと触れ合う—— 199

223

系統的脱感作　168

ケース会議　180

厳格性（厳しさ）　7，139

　　──・受容性のバランス　8

限局性学習症　70

現実性　11

行動抑制的な気質　124

行動療法　168

校内委員会　78

公認心理師　42

広汎性発達障害　68

校務分掌　184，202

合理化　174

コーディネーター　187，191

国民生活基礎調査　35

心の痛み　128

個性化の過程　168

孤独感　26

子ども時代　20

子どもたちの対人関係　28

子どもの世界　199

子どもや保護者への心理教育　190

子ども理解　20，176

子どもを取り巻く環境　88

個別性　6，10

個別的で柔軟な対応　184

個別の教育支援計画　79

個別の指導計画　79

■さ行

サイン　85

叱ること　138

自己　60

自己管理能力　54

自己肯定感　58，64

自己効力感　65

自己指導能力　149

自己臭恐怖　121

自己主張のスタイル　179

自己対象　60

自己治癒力　166

自己有用感　65

自己抑制のスタイル　179

自己理解　54，175，210，217

私事化　132

思春期　26，128

思春期やせ症　122

自然さ・本心のまま　64

自尊感情　64

叱責　158

児童期　25

児童虐待防止法　117

児童生徒理解　180，210

児童相談所　117，194

自発性 対 罪悪感　24

師範　144

自閉スペクトラム症　68

社会性　133

社会の変化　21

社会への認識　204

宗教　166

醜形恐怖　121

収束思考　207

主体性　15

出席停止の制度　149

守秘義務　215

受容性（優しさ）　7，139

純粋性／自己一致　167

昇華　173

少年非行　113

少年法　113

情報機器　14，20

職場体験活動　57

触法少年　113

索引

自立　26, 96, 105
自律性 対 恥・疑惑　24
事例検討　181
事例検討会　214
事例検討用フォーマット　181, 215
心身の不調　120
心理的距離　142, 143
心理療法　166
進路指導　53
進路保障　12
スーパーヴィジョン　212
スクールカウンセラー　81, 109, 188
　──の活動内容　189
スクールソーシャルワーカー　78, 180,
　185
スケープゴート　97
ストレス　120
ストレス反応　120
ストレッサー　120
スポーツ・ハラスメント　156
スモール・ステップ　169
生活習慣　33
省察　206, 214, 215
　理論と実践を往還させた──　206
性自認　127
精神分析療法　167
成長　128
性的指向　127
性的マイノリティ　126
性同一性障害　126
生徒指導　6, 42, 132
　──の構造　136
　──の2軸3類4層　136
　課題予防的──　136
　困難課題対応的──　136
　支える──　150
　させる──　150

常態的・先行的（プロアクティブ）──
　136
即応的・継続的（リアクティブ）──　136
発達支持的──　136
生徒指導提要　136
生徒指導提要（改訂版）　42, 48, 100,
　132, 149
青年期　26
赤面恐怖　121
世間性　133
摂食障害　122
過食タイプの──　122
拒食タイプの──　122
総合的な学習（探究）の時間　48, 49
ソーシャル・ボンド　46

■た行
太極図　135
体験のとらえ直し　212
退行　174
対人恐怖　121
第二次性徴　26
体罰　150
頑迷型の──　152
激昂型の──　153
粗暴型の──　151
不安型の──　152
熱血型の──　154
「他者」と向き合う　205
他者の存在　15
他者への信頼感　118
他者理解　217
多様性　6, 205
性の──　126
チーム　80
──が成り立つ条件　185
チーム学校　184

225

チーム支援　184

知性化　174

知能指数　79

注意欠如多動症　72

　　混合型の──　72

　　多動性・衝動性型の──　72

　　不注意型の──　72

中1ギャップ　102

中核自己　61

抽象的思考　45

懲戒　148

　　事実行為としての──　159

　　法的効果を伴う──　158

通級指導教室　77

通告義務　119

ディスカリキュリア　70

ディスグラフィア　70

ディスレクシア　70

適応指導教室　192

投影（投射）　173

統合失調症　123

同情　210

道徳　47

逃避　174

同僚性　203，214

特別活動　38，50

特別支援学級　77

特別支援学校　76

特別支援教育　74

特別支援教育コーディネーター　78

特別支援教育体制　78

「とらえ直す」能力　213

取り入れ　174

■ な行

二次障害　67，71

乳児期　23

二律背反　9

人間関係形成・社会形成能力　54

認知行動療法　168

ネグレクト　117

ノーマライゼーション　74

■ は行

バーンアウト　207

バウンダリー（関係性における必要な境界）

　　145，154

箱庭療法　216

始まりの儀式　146

発達　22

　　子どもの──　22

　　パーソナリティの──　22

発達危機　22

発達検査　79

発達指数　79

発達障害　66，106

発達障害者支援法　66

発達段階　22

発問　44

場面緘黙　124

犯罪少年　113

反社会的行動　113

板書　146

反動形成　173

PTSD　121

p4c　47

非行　113

　　──は宝　114

非行少年　113

非社会的行動　113

ヒドゥンカリキュラム　44

秘密　27

貧困　35

双子欲求　63

226

物理的距離　142

不登校　102

　　——の開始期　108

　　——の回復期　109

　　——の経過　107

　　——の混乱期　108

　　——の再適応期　109

　　——のタイプ　104

　　——の萌芽期　107

　　——への支援　110

フリースクール　110，193

プロセスレコード　181

分離不安　104

ペルソナ　82

防衛機制　172

報告・連絡・相談　179，202

暴力行為　112，156

ボーダーレス化　205

保護者対応　176

保護者との協力関係　201

保護者の心理　200

保護者の立場　201

星野君の二塁打　157

補償　173

■ま行

学び続ける　206

学ぶことの面白さ　37

慢性疾患　123

見立て　186

ミドルリーダー　187

みんなの物語　97

無意識　170

無条件の積極的関心　167

燃え尽き症候群　207

モラトリアム　27

モンスターペアレント　179

問題　84

　　——への気づき　84

　　子どもの成長の過程としての——　87

　　子どもの努力の表れとしての——　86

問題行動　113

■や行

友人関係　29

ユニバーサルデザイン　76

ゆるす心　114

ユングの分析心理学　168，216

養育放棄　117

養護教諭　120

幼児期後半　24

幼児期前半　24

要保護児童対策地域協議会　117

抑圧　173

寄り道　18

■ら行

ライフサイクル論　22

力愛不二　151

理想化欲求　63

臨床の知　10

連携　42，119，191，192，195

　　保護者との——　176

ロールプレイ　215

■わ行

ワーク・ライフ・バランス　53

わたしの物語　97

あとがき

　本書は、2016年に刊行した『子どもを育む学校臨床力――多様性の時代の生徒指導・教育相談・特別支援』の改訂版です。前書の著者3名のうち1名が交代しましたので、本書に加わった阿形の担当箇所は、新たに書き下ろされたものになっています。小松と角田の担当箇所は、各々が加筆修正を行いリニューアルしています。

　前書では「学校臨床力」という言葉を初めて使いました。まだまだ馴染みの薄い用語ですが、教師や学校が、「子どもに何が必要かを見立て、かかわる力」という意味を込めました。編著者の一人である角田が所属している京都連合教職大学院では、2022年にこの名称を用いた「学校臨床力高度化系」という組織が新たに誕生しました。この系にはこれから教壇に立つ若手のための「初任期教員養成コース」と、現職教職員向けの「中核教員・リーダー教員養成コース」の2つのコースがあります。いずれのコースも、個々の子どもたちのニーズを丁寧に理解して、教師や学校はどのような教育的なかかわりができるのか、それを模索し、実践し、省察するという臨床感覚にあふれた大学院を目指しています。

　この京都連合教職大学院は、京都にある国立・私立大学が京都府・京都市教育委員会と共に2008年に立ち上げた、現職教員や事務職員、そして教職を目指す学部新卒生のための専門職大学院です。正式名称は京都教育大学大学院・連合教職実践研究科と言いますが、わかりやすく「京都連合教職大学院」と呼んでいます。関心をお持ちの方は、ホームページをご覧ください。

　学校現場は、その時々の社会のあり方を反映しています。そして、子どもたちはその成長にかかわるさまざまな問いかけを学校生活の中で表しています。私たち大人は、そうした子どもたちの声に耳を澄まさなければなりません。人は人間関係の中で生まれ、育つものであり、そしてまた人間関係の中で傷つき、癒されもします。子どもと保護者・家庭との関係、子どもと教師との関係、子ども同士の関係というように、さまざまな人間関係が子どもを育みますし、またその成長を妨げることもあります。

　教師が児童生徒を「指導」することは大切ですが、一方向の見方では実際の人と人との「かかわり合い」は見えにくいことがあります。「児童生徒理解に終わりはない」

と言うように、子どもを理解し続ける姿勢が、教師を発見的で創造的にします。また、教師自身の心の動きにもしっかり目を向け続けることで、実際のかかわり合いを生き生きと把握する可能性が生まれます。

　厳格な指導が必要なのか、受容的な支援や個別の相談が必要なのか、今どんなふうにこの子（あるいは保護者）に声をかければよいのか、といったその場で判断し実行する臨床力が教師には求められ、それはかかわり合いの場に開かれた「感性」に基づくと言えます。人と人とがかかわり合うとは、各々の生い立ちや背景を抱えた別個の人間の出会いであり、また同時に、共通の社会や文化という基盤の上での出会いでもあります。日々新たな知見が加わるだけでなく、個人的な気づきにくさや、社会や文化が持っている盲点もあって、理解が難しく、対応に苦慮するケースに教師は遭遇します。一人で抱えきれない場合は、「組織の学校臨床力」が必要となり、それがお互いの振り返りやバックアップとなり、盲点を気づかせたり、柔軟性を回復させたりしてくれます。また、学校の枠を超える場合には、外部の関係機関と連携した臨床力が求められます。いずれにしても、子どもとのかかわり合いの可能性を広げ、深められるような「関係性のネット」づくりが鍵になります。そうした関係性を、教師個人のレベルでいかにつくるかから、必要に応じてより組織的・社会的なレベルにどう広げていくかが問われています。

　「関係性のネット」の網目をつなぐのは、私たち一人ひとりです。そうした課題意識を持った感性豊かな教員の養成に、本書が少しでも寄与できることを願っています。

　本書の刊行に当たっては、創元社の柏原隆宏氏に今回も大変お世話になりました。末尾ながら深く感謝する次第です。

編著者を代表して

角田　豊

■編著者略歴

角田　豊 (かくた・ゆたか)

1991年、京都大学大学院教育学研究科博士後期課程教育方法学専攻（臨床心理学）単位取得退学。博士（教育学）、臨床心理士、公認心理師、JFPSP認定精神分析的心理療法家。現在、京都教育大学大学院連合教職実践研究科教授、京都産業大学文化学部教授。著書に『共感体験とカウンセリング』（福村出版）、『カウンセラーから見た教師の仕事・学校の機能』（培風館）、『子どもとの関係性を読み解く教師のためのプロセスレコード』（編著、金子書房）、『学校臨床力を磨く事例検討の進め方』（編著、創元社）、『ポスト・コフートの精神分析システム理論』（共著、誠信書房）、訳書にバーガー著『臨床的共感の実際』（共訳、人文書院）、ウルフ著『自己心理学入門』（共訳、金剛出版）、リヒテンバーグ他著『自己心理学の臨床と技法』（監訳、金剛出版）などがある。

阿形恒秀 (あがた・つねひで)

1994年、鳴門教育大学大学院修士課程学校教育研究科学校教育専攻生徒指導コース修了。修士（教育学）。鳴門教育大学名誉教授。現在、千里金蘭大学栄養学部教授、鳴門教育大学大学院高度学校教育実践専攻生徒指導コース客員教授。著書に『教育臨床の視点に立った生徒指導』（学事出版）、『我が子のいじめに親としてどうかかわるか』（ジアース教育新社）、訳書にスミス著『学校におけるいじめ』（共訳、学事出版）などがある。

小松貴弘 (こまつ・たかひろ)

1996年、広島大学大学院教育学研究科博士後期課程教育心理学専攻単位取得退学。博士（心理学）、臨床心理士、公認心理師。現在、神戸松蔭女子学院大学人間科学部教授。著書に『時間のかかる営みを、時間をかけて学ぶための心理療法入門』（共著、創元社）、訳書にスターン著『精神分析における解離とエナクトメント』（創元社）、スターン著『精神分析における未構成の経験』（共監訳、誠信書房）、スタイン著『児童虐待・解離・犯罪』（共監訳、創元社）などがある。

子どもを育む学校臨床力　改訂版
多様性の時代の生徒指導・教育相談・特別支援

2025年2月20日　第1版第1刷発行

編著者———角田　豊
　　　　　　阿形恒秀
　　　　　　小松貴弘
発行者———矢部敬一
発行所———株式会社 創元社
〈本　　社〉
〒541-0047　大阪市中央区淡路町4-3-6
TEL.06-6231-9010(代)　FAX.06-6233-3111(代)
〈東京支店〉
〒101-0051　東京都千代田区神田神保町1-2 田辺ビル
TEL.03-6811-0662(代)
https://www.sogensha.co.jp/
印刷所———株式会社 太洋社

©2025, Printed in Japan　ISBN978-4-422-12082-9 C3037
〈検印廃止〉
落丁・乱丁のときはお取り替えいたします。

カバー・本文イラスト　Mana
装丁・本文デザイン　　長井究衡

JCOPY〈出版者著作権管理機構 委託出版物〉
本書の無断複製は著作権法上での例外を除き禁じられています。複製される場合は、そのつど事前に、出版者著作権管理機構(電話03-5244-5088、FAX 03-5244-5089、e-mail: info@jcopy.or.jp)の許諾を得てください。

―好評関連書―

学校臨床力を磨く 事例検討の進め方
かかわり合いながら省察する教師のために

角田 豊[編著]
B5判・並製・200頁
定価3,520円（本体3,200円）⑩

教師の実践力の向上に効果を発揮する事例検討の進め方を具体的に紹介する。幼稚園から小学校、中学校まで様々な事例を取り上げ、事例の整理に役立つ各種フォーマットの記述例も豊富に交えながら、子どもだけでなく教師自身の思いや気持ちも視野に入れる独自のアプローチに基づいた事例検討の実際を詳しく提示する。多様性の時代を生きる個々の子どもたちへの有効な支援を実現するための現場感覚に満ちた方法論の提案。